KOMPASS

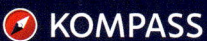

BERGE SEHEN BERGE VERSTEHEN

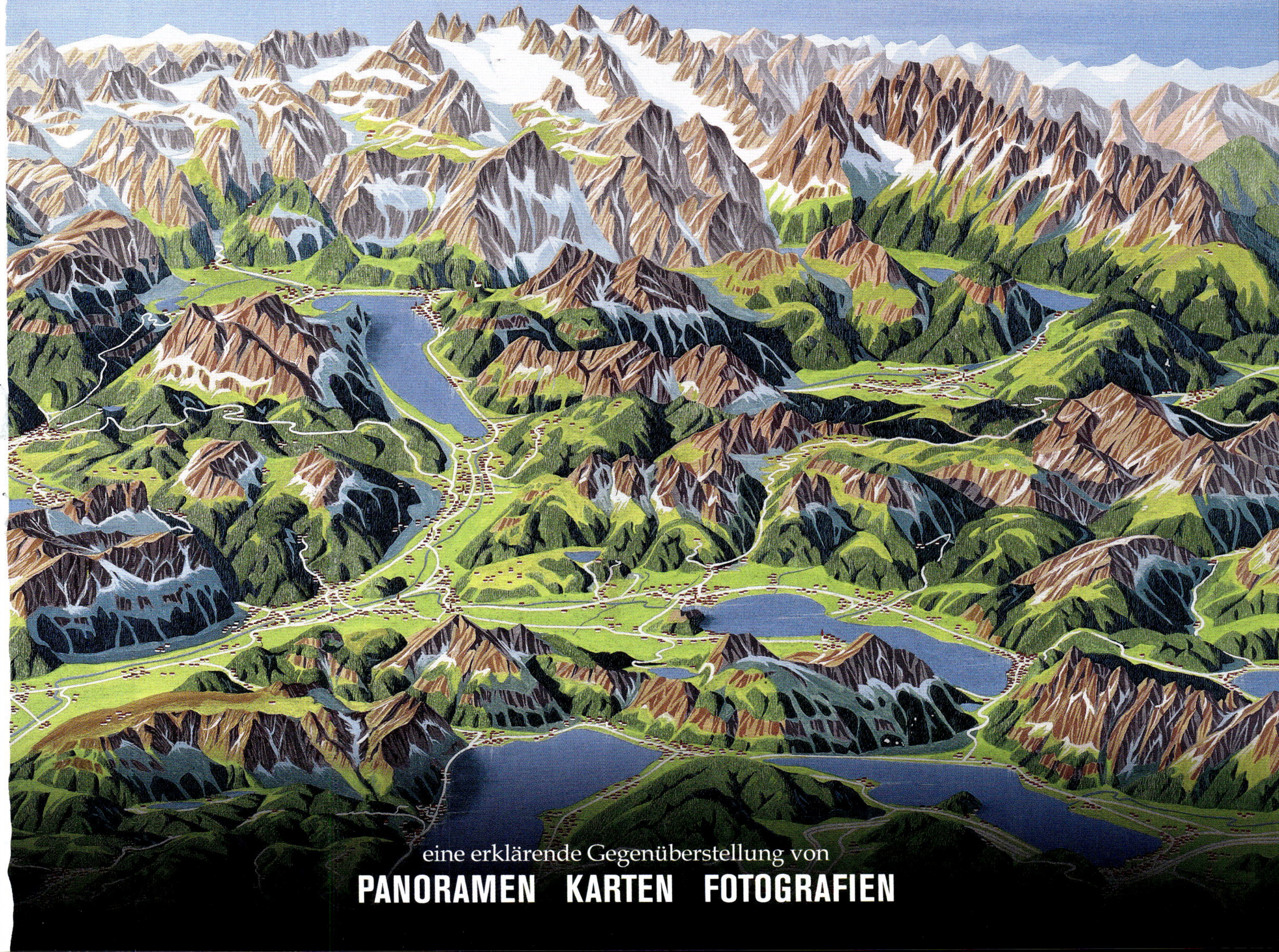

eine erklärende Gegenüberstellung von

PANORAMEN KARTEN FOTOGRAFIEN

ENTDECKER HABEN IMMER SCHON
VERSUCHT WEITER ALS BIS ZUM
HORIZONT ZU SEHEN

Herausgegeben vom KOMPASS-Karten Verlag. Unsere Bücher und Karten sind für Entdecker, Abenteurer und Menschen mit Tatendrang. Ob spontan aufbrechen oder mit einem klaren Ziel vor Augen, ankommen will jeder und jede. Dafür machen wir seit 1953 Outdoor-Produkte.

THEORIE

Regionenübersicht	6
Gegenüberstellung: Panorama, Karte, Foto	12
Geografie – Geologie – Geomorphologie	14
Panoramen: meisterhafte Interpretation	16
Fotografie: durch die Linse des Betrachters	20
Kartografie: verzerrte Welt	24

ANWENDUNG

Die Alpen im Überblick	28
Landschaften der Alpen	54

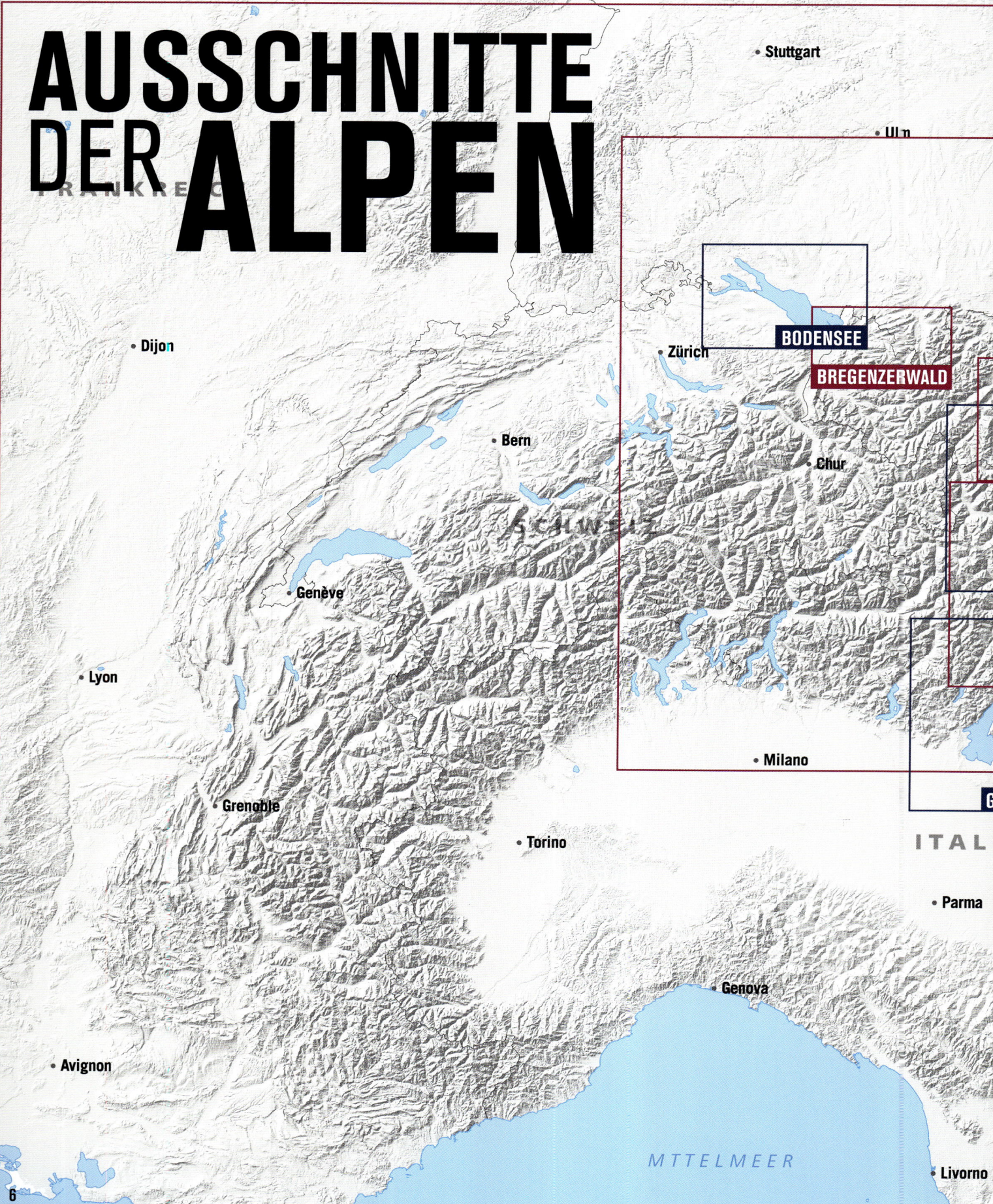

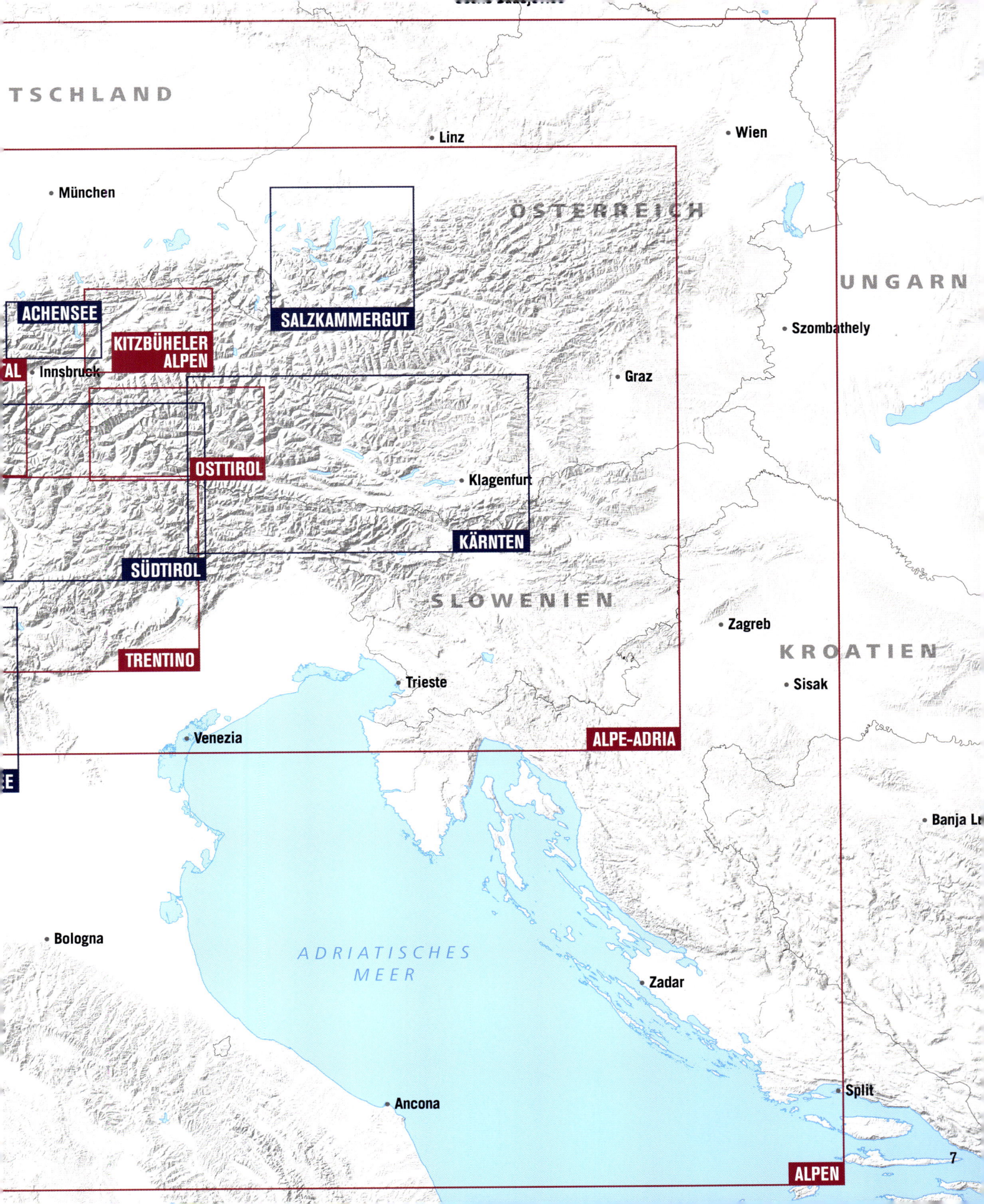

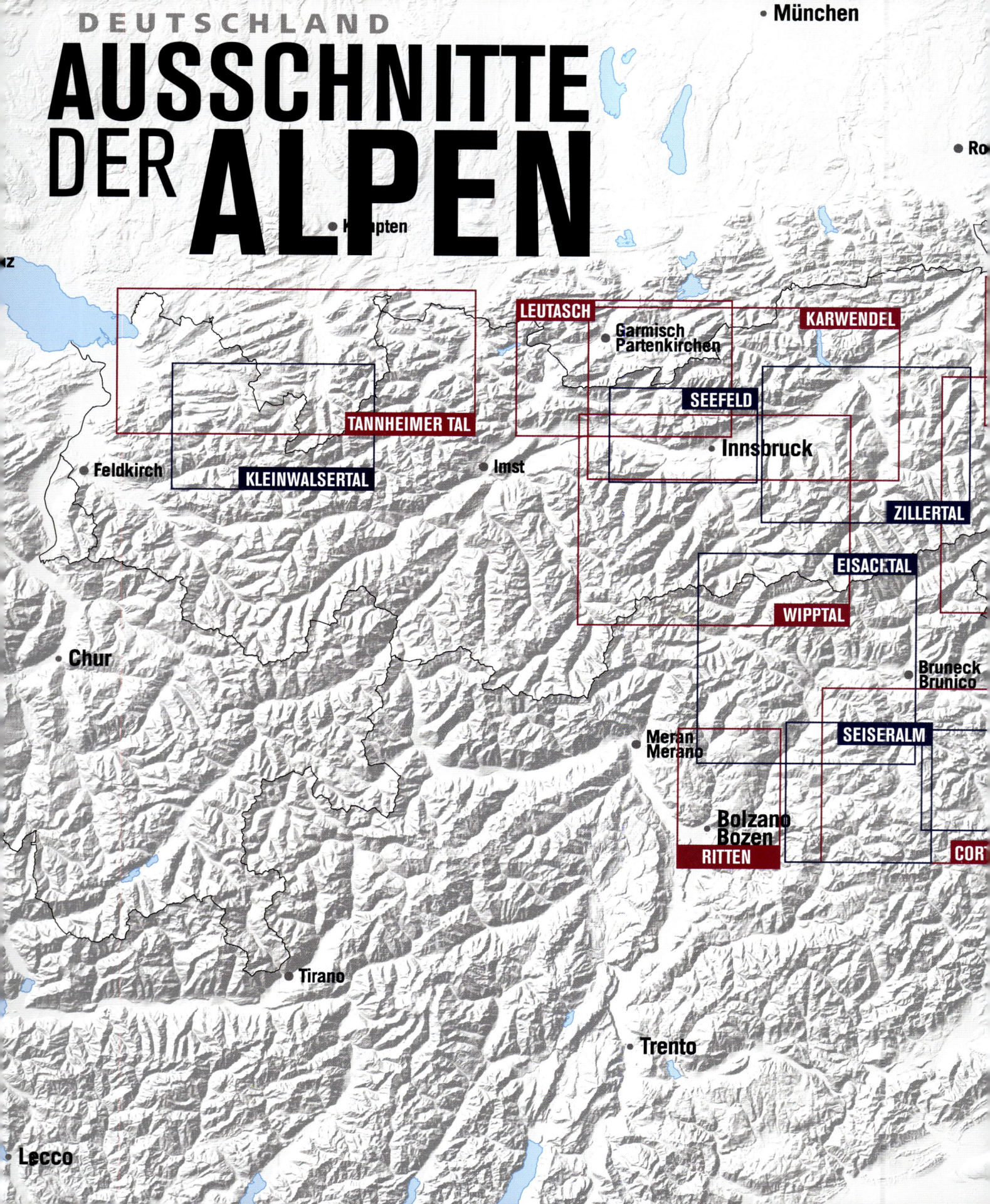

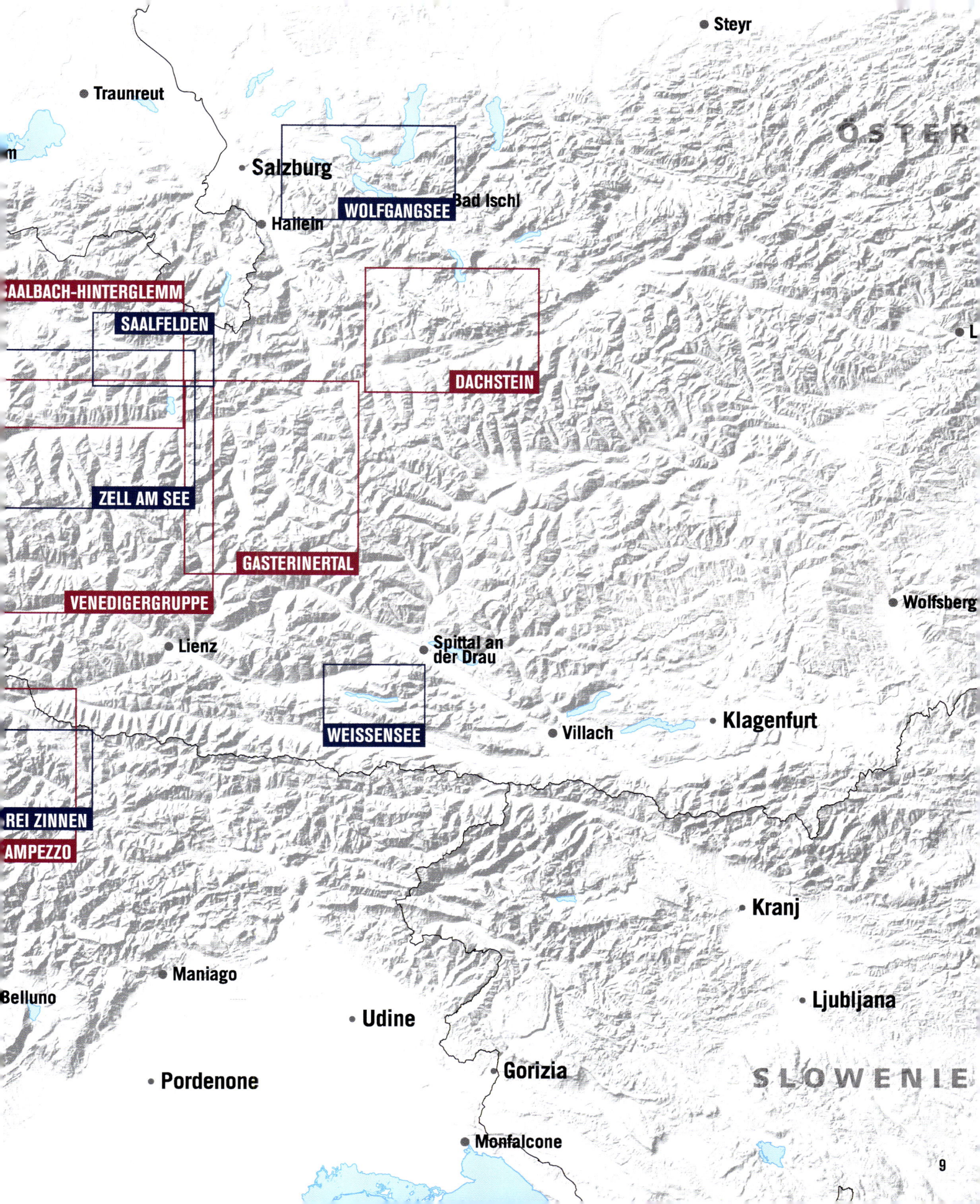

DIE LAND-

INHALT

Die Alpen	30
Der Alpenbogen, von Norden Wien – Gardasee	36
Der Alpenbogen, von Norden Gardasee – Marseille	38
Alpen – Adria	46
Der Bodensee von Norden	54
Der Bregenzerwald	60
Kleinwalsertal	66
Tannheimer Tal	72
Leutasch	78
Seefeld	84
Ötztal	90
Innsbruck mit der Nordkette	96
Karwendelgebirge	102
Der Achensee von Süden	108
Wipptal – Blick Richtung Osten	114
Wipptal – Blick Richtung Westen	120
Vorderes Zillertal – Blick Richtung Osten	126
Vorderes Zillertal – Blick Richtung Westen	132
Wilder Kaiser und Kitzbüheler Alpen	138

SCHAFTEN

Saalbach – Hinterglemm	144
Zell am See mit dem Kitzsteinhorn	150
Saalfelden	156
Venedigergruppe im Oberpinzgau	162
Gasteinertal	168
Salzkammergut	174
Wolfgangsee	182
Der Dachstein	188
Kärnten	194
Weißensee	200
Lienz – Osttirol	206
Südtirol	212
Brixen – Eisacktal	220
Ritten	226
Seiseralm	232
Trentino mit der Brentagruppe	238
Cortina d'Ampezzo	244
Drei Zinnen	250
Lago di Garda	256

EINE WIRKLICHKEIT

PANORAMAMALEREI

Unter dem Begriff Panorama versteht man einen Rund- bzw. Ausblick in die Landschaft, der durch eine perspektivische Darstellung den Eindruck von Räumlichkeit vermittelt. Mit dem Aufkommen des Tourismus wurden Panoramabilder häufig gemalt, um Ski- und Wandergebiete kartenähnlich zu zeichnen. Im Gegensatz zu konventionellen topografischen Karten besteht bei Panoramen allerdings kein Anspruch auf Maßstabtreue. Es geht eher darum, die Betrachter bildlich darüber zu informieren, was die spezifische Landschaft auszeichnet bzw. was in diesem Gebiet besonders wichtig ist. Aus diesem Grund ermöglicht es ein Panorama, Gegebenheiten zu zeigen, die im Grunde unsichtbar sind, wie zum Beispiel Landschaftsbereiche, die normalerweise verdeckt sind. Die Ästhetik von Panoramen ist bestimmt von Geländeschattierungen, hypsometrischen und weiteren Farben, die die Maler von Panoramen nutzen, um den Eindruck von Tiefe sowie einer dritten Dimension zu vermitteln und besondere Landschaftselemente hervorzuheben. Panoramen dienen als intuitive Orientierungshilfe und werden bis heute in Auftrag gegeben.

FOTOGRAFIE

Der Begriff Foto, kurz für Fotografie, setzt sich zusammen aus den griechischen Wörtern „photo" für Licht und „graphein" für schreiben. Darunter wurden ursprünglich Lichtbilder verstanden, die mittels eines optischen Verfahrens auf lichtempfindlichen Medien entstanden sind. Mit dem Aufkommen der digitalen Fotografie werden Fotos inzwischen mithilfe von Sensoren aufgenommen. Durch die Verbreitung von Smartphones sind Fotos allgegenwärtig und werden in einer noch nie da gewesenen Häufigkeit produziert. Die angebliche Realitätsnähe eines Fotos zum fotografierten Ob-

DREI ANSÄTZE
SIE DARZUSTELLEN

KARTOGRAFIE

jekt galt als Hauptunterschied zur Malerei – stellt sich aber bei näherer Betrachtung als Illusion heraus. Ein Foto ist eben nur ein Ausschnitt der Wirklichkeit.

Einer Wirklichkeit, die zu einem bestimmten Zeitpunkt, aus einer bestimmten Perspektive, einem bestimmten Winkel und von einer bestimmten Person aufgenommen wird. Dieser „Einfluss" beim Aufnehmen eines Fotos ist beim Endprodukt ausgeblendet, aber besonders kontextbezogen wichtig und macht das umfangreiche Themenfeld der Fotografie in der wissenschaftlichen Auseinandersetzung interessant.

Als „intellektuelle Abstraktion der geografischen Realität" sind Karten – auch historisch gesehen – der Wunsch und der Versuch, die Umgebung zeichnerisch abzubilden und letztendlich auch kartografisch festzuhalten. Durch Entdeckungsreisen zu Land und zu Wasser gelangte mithilfe von Karten mehr Wissen über die Erde zu den Menschen. Im Wandel der Geschichte und der damit einhergehenden Entwicklung der Technik hat sich die Kartografie stetig verbessert. Aufgrund der eingeschränkten technischen Möglichkeiten konnte das Hochgebirge zum Beispiel erst ab der zweiten Hälfte des 18. Jahrhunderts kartografisch vermessen werden. Ab dem 20. Jahrhundert erlebte die Kartografie mithilfe von Flugzeugen, Kameras und schließlich Satelliten und Computern eine rasante Entwicklung. Bis heute ist die Kartografie eine unverzichtbare Orientierungshilfe für die Menschen, sowohl im allgemeinen Verkehr als auch im Alltag des Einzelnen. Sie ist die Grundlage aller Navigation und somit Orientierung.

INTRO GEOGRAFIE – GEOLOGIE – GEOMORPHOLOGIE

GEOGRAFIE

Geografie (von altgriechisch γεωγραφία geōgraphía, deutsch ‚Erdbeschreibung'; abgeleitet von γῆ gē, deutsch ‚Erde' und γράφειν gráphein, deutsch ‚(auf-)schreiben') befasst sich mit der Erdoberfläche, mit Menschen sowie mit der materiellen und geistigen Umwelt der Menschen. In der Geografie geht es, allgemein ausgedrückt, um die Welt, in der wir leben. Die Besonderheit und Stärke der Geografie liegt in der Verbindung natur- und gesellschaftswissenschaftlicher Perspektiven und Methoden.

GEOMORPHOLOGIE

Geomorphologie (von altgriechisch γῆ ge deutsch ‚Erde', μορφή morphé, deutsch ‚Gestalt', ‚Form' und λόγος lógos, deutsch ‚Wort', ‚Lehre', ‚Vernunft') ist die Lehre von den Formen der Erdoberfläche, ihrer Entstehung und

GEOLOGIE

Veränderung, den daran beteiligten Prozessen und ihrer Modellierung. Das Wort Geomorphologie ist griechischen Ursprungs und bedeutet so viel wie die Wissenschaft der Formen der Erde bzw. genauer der Erdoberfläche.

Die Geologie (von altgriechisch γῆ gē „Erde" und -logie) ist die Wissenschaft vom Aufbau, von der Zusammensetzung und Struktur der Erde, ihren physikalischen Eigenschaften und ihrer Entwicklungsgeschichte sowie der Prozesse, die sie formten und auch heute noch formen. Abweichend von der eigentlichen Bedeutung verwendet man das Wort auch für den geologischen Aufbau von – zum Beispiel – einem Berg oder einem Gebirge.

PANORAMEN

Jeder hat sie schon einmal gesehen und studiert, die wenigsten wissen über die ausgeklügelten Techniken Bescheid, mit denen Panoramen entstehen. Dabei sind mit Panoramen keine großflächigen Aquarellbilder gemeint, auf denen weichgezeichnete Landschaften zu erkennen sind, sondern die perspektivische Darstellung, mit der Landschaften – insbesondere Ski- und Wandergebiete – dargestellt werden. Auch wer keine Ahnung von topografischen Gegebenheiten hat erkennt, dass da wohl hin und wieder ein Winkel, eine Größe oder die Breite eine Skiabfahrt nicht stimmen kann.

Das hat aber seine Gründe. Die Karten sind nicht maßstabsgetreu, sondern stellen das dar, was die Landschaft besonders macht oder den Auftraggebern wichtig ist. Ein gemaltes Panorama ermöglicht das Spiel zwischen innen und außen, indem der Blick des Betrachters von oben nach unten geführt wird. Das ist einer seiner Vorteile gegenüber einer topografischen Karte. Aber der größte Trumpf des Panoramas ist zweifellos seine Fähigkeit, Elemente sichtbar zu machen, die eigentlich unsichtbar sind: Den Talboden eines abgelegenen Tals, eine Skipiste, die hinter einer Felspartie verläuft und so

MEISTERHAFTE INTERPRETATION

weiter. Dabei bedienen sich die Maler der Methode der Geländeschattierung zur intuitiven und ästhetischen Darstellung der Topografie. Hypsometrische Farben, das heißt Farben, die den Höhenstufen entsprechend angepasst werden, betonen dabei eine dritte Dimension, die den Panoramen ihre Tiefe gibt. Zusätzlich sorgen Farben gemäß der Landnutzung oder Klimazone einen fotorealistischen Eindruck. In vielen Panoramakarten werden mit Farben zusätzlich individuell Elemente betont, wie beispielsweise Wasserfälle oder Gebirgsseen.

Heute hilft Google Maps bei der Erstellung solcher Panoramen, früher musste man für den Blick von oben einige Rundflüge machen. Weltweit gibt es nur eine Handvoll Panoramamaler, Computer können diese Arbeit nicht ersetzen. Immer noch werden Panoramakarten in wochenlanger bis monatelanger Detailarbeit gezeichnet, zuerst mit dem Bleistift und dann mit Temperafarben ausgemalt. Das fertige Panorama wird dann hochauflösend eingescannt und geht an den Auftraggeber, das Original behält in den meisten Fällen der jeweilige Maler – so kann es auch immer wieder übermalt und ausgebessert werden.

GERHARD AMBROSIG
GESPRÄCH MIT EINEM PANORAMAMALER

KOMPASS: Wie helfen Panoramen die Landschaft zu begreifen?
Ambrosig: Das Panorama ist sehr gut geeignet, die Landschaft für den Betrachter durch Licht und Schattengebung geordnet zu präsentieren und so den Blick strukturiert zu lenken. Ebenso ergeben sich Möglichkeiten für den Autraggeber, Wichtiges in der Landschaft zu vergrößern und Unwichtiges zu verkleinern oder durch Überschneidungen sogar verschwinden zu lassen. Auch lässt sich durch geschickte Drehung eines Tales, das normal nicht sichtbar wäre, Einblick gewinnen. Gegenüber der geografischen Karte bietet das Panorama somit maximale Flexibilität.
KOMPASS: Wie würden Sie ein gezeichnetes Panorama von einer Karte und einem Landschaftsbild unterscheiden?
Ambrosig: Der Unterschied zur Karte ergibt sich aus der vorhergehenden Antwort. Beim Landschaftsbild geht es eher darum, eine Impression des Gesehenen zu schaffen, es geht also nicht um topografische Genauigkeit. Vom Panorama hingegen wird umfassende Information zu landschaftlichen Zusammenhängen erwartet und zusätzlich Informationen über die für den Wanderer oder Skifahrer wichtige Infrastruktur der Landschaft.
KOMPASS: Wie beeinflusst der Standpunkt, von dem aus das Panorama gezeichnet wird, das Bild?
Ambrosig: Der Standpunkt beeinflusst die Bildwirkung eines Panoramas immer enorm und verändert sie stark. Es macht einen Unterschied, ob das Bild zum Beispiel mit einer Gebirgskette am Horizont endet oder mit einer Ebene. Auch welche Einblicke in die Landschaft gewährt werden, ist vom Standpunkt stark abhängig.

Der Weißensee von Gerhard Ambrosig.

ÜBER GERHARD AMBROSIG

1990 startete Gerhard Ambrosig seine Karriere bei der Firma Sitour, ehe er 1993 in das Atelier von H.C. Berann in Lans wechselte. Herr Berann gilt als unerreichter Meister seines Fachs. KOMPASS vertreibt das Panorama „Die Alpen von Norden" von Herrn Berann in seinem Programm. Nach dieser bereichernden Zeit wechselte Gerhard Ambrosig in die Selbstständigkeit. In seiner Laufbahn hat er über 100 Panoramen gezeichnet. Zu den Auftraggebern gehören Nationalsparks, Tourismusverbände und Bergbahnen.

FOTOGRAFIE

WAS IST REAL?

Wer selbst fotografiert, und das ist dank Handykamera fast jeder und jede von uns, weiß wie weit Realität und Wirklichkeit bei einem Foto auseinanderliegen können. Verantwortlich dafür ist das Zusammenspiel aus Sensor, Optik und Bildinterpretation auf der technischen Seite. Mit der Optik sind die Objektive gemeint. Sie sind entscheidend dafür die Landschaft in der Perspektive abbilden zu können, wie man das möchte. Die Brennweite gemeinsam mit der Formatgröße des Sensors legen fest, wie groß der Blickwinkel des Fotos ist. Eine geringe Brennweite (z. B. 24 mm) bedeutet einen großen Blickwinkel. Je nachdem ob es sich um einen Vollformatsensor handelt oder nicht wird die Brennweite noch vergrößert. Gerade bei niedrigen Brennweiten (auch Fischauge genannt) sind die Ränder des Bildes deutlich stärker verzerrt. Die Realität mit ihren Farben ist genial, und zwar so genial, dass wir Menschen nur einen geringen für uns sichtbaren Teil wahrnehmen können. Der

DURCH DIE LINSE DES **BETRACHTERS**

für den Menschen sichtbare Farbraum ist weit größer als etwa der Farbraum, der mit einem JPEG-Format wiedergegeben werden kann. Selbst wenn wir im RAW-Format fotografieren reduzieren wir die Farbwelt. Wer also versucht die Realität der Welt so genau wie möglich darzustellen, der wird zwangsläufig scheitern. In dem Moment wo man den Auslöser drückt gibt man dem Bild durch eine Vielzahl von Entscheidungen einen subjetive Interpretation.

Der eigene Standpunkt, der Bildausschnitt, die Kamera- und Objektivwahl, sämtliche Einstellungen wie ISO, Belichtungsdauer und Blende, die Uhrzeit, das Wetter und vieles mehr beinflussen das Ergebnis. Es macht also viel mehr Sinn sich dessen bewusst zu sein und die Fotografie als subjektive Abbildung des Betrachters oder der Betrachterin zu verstehen. Hat man diese Position erst einmal eingenommen ergeben sich noch viele weitere Möglichkeiten wie man Fotos in einer Art und Weise erstellt, um das was man damit ausdrücken will zu verstärken. Mit der Digitalfotografie ist die Bildbearbeitung zum Massenphänomen geworden. Die Bildbearbeitung wurde zwar nicht neu erfunden, jedoch wurde sie einfach und kostengünstig zugänglich. Die meisten Funktionen die sich in Bildbearbeitungsprogrammen wiederfinden stammen aus der Dunkelkammer.

NOCH GRÖSSER

Am Beispielfoto vom Matterhorn sieht man wie mächtig der Berg wirken kann, wenn er richtig aufgenommen wird. Der Standpunkt ist von tief unten gewählt. Die Froschperspektive vergrößert den Berg und stellt ihn gegenüber der umliegenden Gipfel frei. Dadurch tritt er aus dem Hintergrund hervor und überragt alles Rundumliegende.

DOKUMENTATION

Mit einer Zeitraffer-Aufnahme können wir uns den Fluss eines Gletschers veranschaulichen. Und wir können den Rückgang bzw. Zuwachs von Gletschern dokumentieren. Fotos von der gleichen Position über mehrere Dekaden von einem Gletscher aufgenommen dienen als augenscheinlicher Beweis für die eklatante Gletscherschmelze in den Alpen. 1946 wurde das erste Foto der Erde aus dem Weltall aufgenommen. Aus einer Höhe von 105 Kilometern sieht man auf dem Schwarz-Weiß-Foto die Erdkrümmung.

Die ersten Aufnahmen aus der Luft liegen aber schon deutlich weiter zurück. Mit Heißluftballons wurden bereits ab 1860 Luftaufnahmen erstellt. Mit kleinen und einfach zu bedienenden Fotodrohnen ergeben sich heute ganz neue Möglichkeiten, die Erdoberfläche abzubilden. Damit kann jeder den Standpunkt der Kamera von der Erdoberfläche lösen und somit noch mehr den Effekt eines Panoramas erzielen. Für Geografen sind Drohnen in Kombination mit einer Kamera ein mächtiges Werkzeug zur Erfassung der Erdoberfläche. Ein Verfahren das dabei zu Anwendung kommt ist die sogenannte Photogrammetrie. Dabei werden aus mehreren Fotos ein 3D-Modell erstellt. Entscheidend ist dabei vom gleichen Objekt Fotos aus mehreren Perspektiven zu haben. Um ein 3D-Modell eines definierten Bereiches zu bekommen wird dieser abgeflogen und abfotografiert. Mit der Hilfe von Computerprogrammen lassen sich aus den gewonnenen Bildern und der dazugehörigen GPX-Daten detailgenaue Oberflächenmodelle erstellen. Die Fotogrammetrie kann aber auch vom Boden aus angewendet werden. Rechts zu sehen ist ein Bespiel vom Nockstein bei Salzburg. Daniel Pacher hat mit mehreren Bodenaufnahmen aus verschiedenen Pespektiven ein Modell des Felsstockes erstellt.

Mit Bildern aus mehreren Perspektiven wird ein 3D Modell errechnet. Dargestellt als Oberflächengitter. Fotos und Modelle von Daniel Pacher.

KARTOGRAFIE

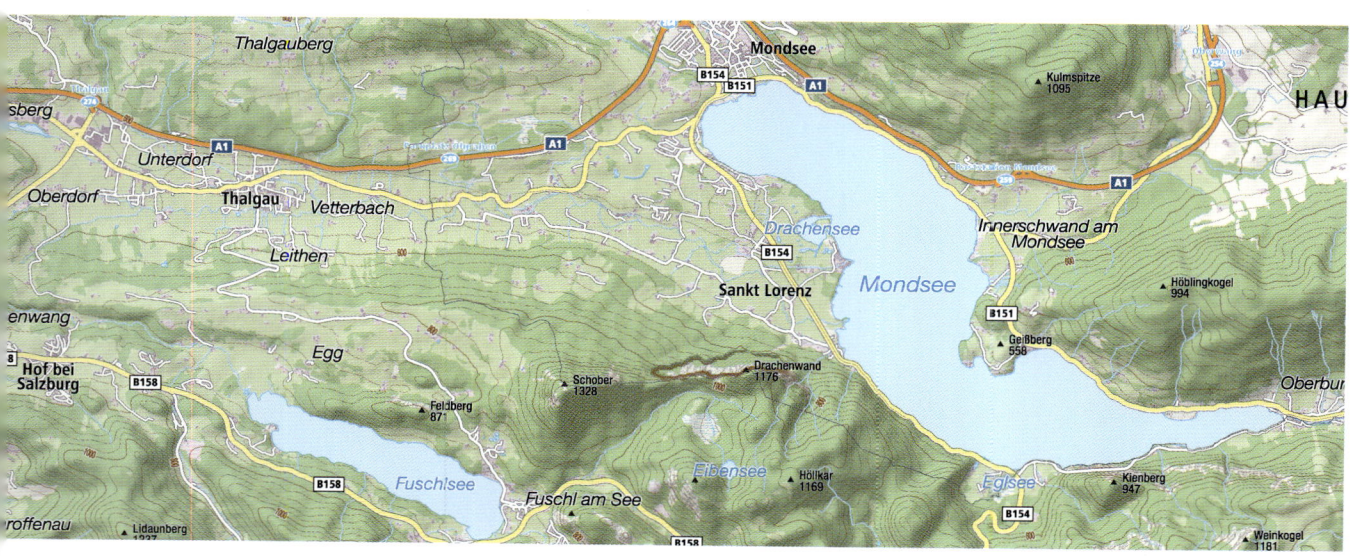

Es war den Menschen stets ein Anliegen, die Umgebung in der sie leben zeichnerisch abzubilden. Zunächst mit dem Versuch von Schrägansichten: Als würde man die Landschaft von einer Anhöhe aus betrachten. Bei dieser Methode werden aber Landschaftsteile durch Hügel oder Berge verdeckt. Diese einigermaßen im korrekten Verhältnis wiederzugeben war – und ist bis heute – ein Problem. Obwohl Lage und Entfernungen von Siedlungen, Verbindungswege, Gewässer oder Berge früher auch wichtig waren, sind diese sehr ungenau oder eben eher skizzenhaft eingetragen worden. Im Zuge von Entdeckungsreisen im 15. und 16. Jahrhundert und der damit einhergehenden zunehmenden Mobilität gelangte wieder mehr Wissen über die Erde zur Gesellschaft. Diese neu entdeckten geografischen Räume galt es auch kartografisch festzuhalten. Mithilfe von Seekarten, die ein Gebiet senkrecht von oben darstellten, konnte man damals Winkelmessungen machen und infolgedessen bereits recht gut navigieren. Entgegen der Vorstellung, dass das mittelalterliche Weltbild von einer Flacherde ausgeht, wussten Gelehrte zu dieser Zeit schon längst, dass die Erde eine Art Kugel ist und um die Sonne kreist. Dies stellte Kartografen vor die Schwierigkeit, die gewölbte Realität in eine ebene Zeichnung umzusetzen.

VERZERRTE WELT

Die Definition der Kommission für Terminologie der ICA International Cartographic Association, (deutsch: Internationale Kartographische Vereinigung) aus dem Jahre 1989 lautet: „Die Karte ist eine ganzheitliche Darstellung und intellektuelle Abstraktion der geografischen Realität, die für einen bestimmten Zweck oder für verschiedene Zwecke weitervermittelt werden soll, wozu die relevanten geografischen Daten in ein Endprodukt umgewandelt werden, das visuell, digital oder betastbar sein kann."

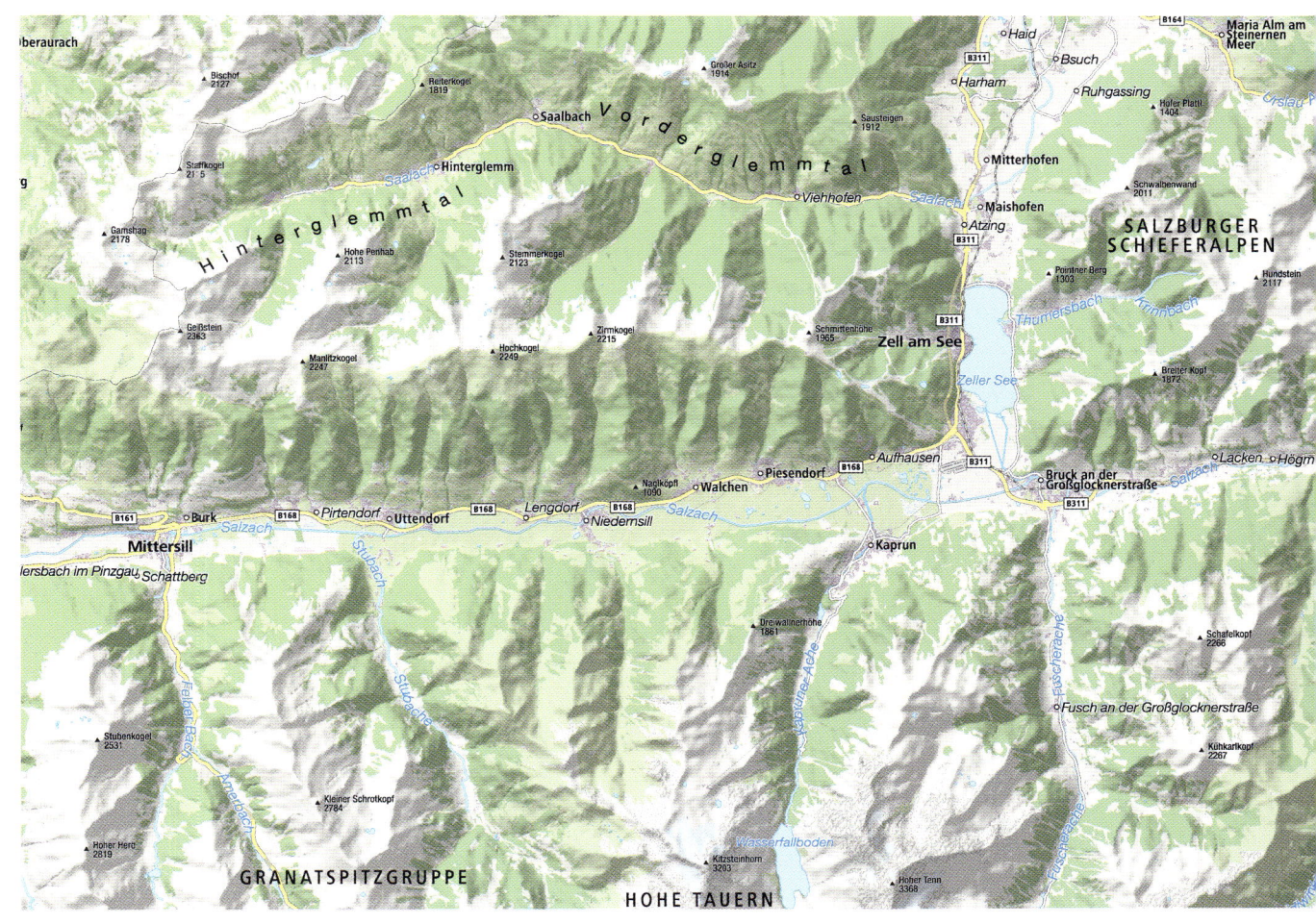

Bis ins 18. Jahrhundert beschränkten sich Vermessungen auf flache Landstriche, das Hochgebirge wurde – wenn überhaupt – schematisch dargestellt. Dieses Problem wurde in der zweiten Hälfte des 18. Jahrhunderts mit den zwei ersten Bauernkartografen aus Tirol, Peter Anich und Blasius Hueber, überwunden. Sie waren besser ausgestattet mit optimierten Triangulationen, gut tragbaren Messinstrumenten und Bergprojektionen, wodurch sie nun Gletscher- und Almregionen präziser abbilden konnten.

Mit der Entwicklung der Lithografie und der Möglichkeit des mehrfarbigen Drucks wurden die Karten anschaulicher und verständlicher. So entwickelte sich das 19. Jahrhundert zur Hochblüte der deutschen Atlaskartografie. Mit den rasanten Entwicklungen im 20. Jahrhundert folgten aber radikale Veränderungen, besonders bei der Herstellung und Reproduktion von Karten. Schon bald wurden Flugzeuge, Kameras, Satelliten und Computer zu wichtigen Hilfsmitteln bei der Erstellung detaillierter Karten. Ab der zweiten Hälfte des 20. Jahrhunderts waren Kartografen in der Lage, durch die Interpretation von Satellitenbildern bestehendes topografisches Kartenmaterial sukzessive zu ergänzen.

Die satellitengestützte sogenannte „Fernerkundung" wurde zunächst besonders von den Regierungen der USA und der Sowjetunion vorangetrieben. Den Beginn einer neuen Phase der Kartografie markierte der Start des ersten Satelliten „Sputnik 1" durch die Sowjetunion im Jahre 1957. Nach dem Ende des Kalten Krieges beschleunigte sich die Verfügbarkeit von Satellitenbilddaten: Die Regierungen der USA und Russlands gaben riesige Mengen von Daten zur zivilen Nutzung frei.

Heute ist die Navigation von A nach B aus unserem Alltag nicht mehr wegzudenken. Sei es auf dem Handy, am Computer oder im Auto: Die Grundlage für jedes Navigationsgerät ist die Kartografie. Auf nur einer Karte sind unzählige Orte, Verkehrswege, Flüsse, Seen, Grenzen und vieles mehr in einem bestimmten Maßstab abgebildet, der in einem realen Verhältnis zur Erdoberfläche steht. Die Beschäftigung mit analogen Karten mag im Zeitalter der Satellitenaufnahmen für manche als Anachronismus erscheinen. Aber was einst im Geografieunterricht gelehrt wurde, gerät zunehmend in Vergessenheit: Das Lesen und Verstehen einer Karte. Obwohl uns diese die Orientierung erleichtert, uns als Informationsquelle dient und mit der Erdoberfläche im Zusammenhang stehende Sachverhalte übersichtlich darstellt. Kurz gesagt: Die Karte ist das einfachste und handlichste Mittel zur Darstellung der räumlichen Verbreitung oder Verteilung von Objekten.

EINE WELT

TECHNISCH, KÜNSTLERISCH
ODER SUBJEKTIV VERKLEINERT

DIE ALPEN

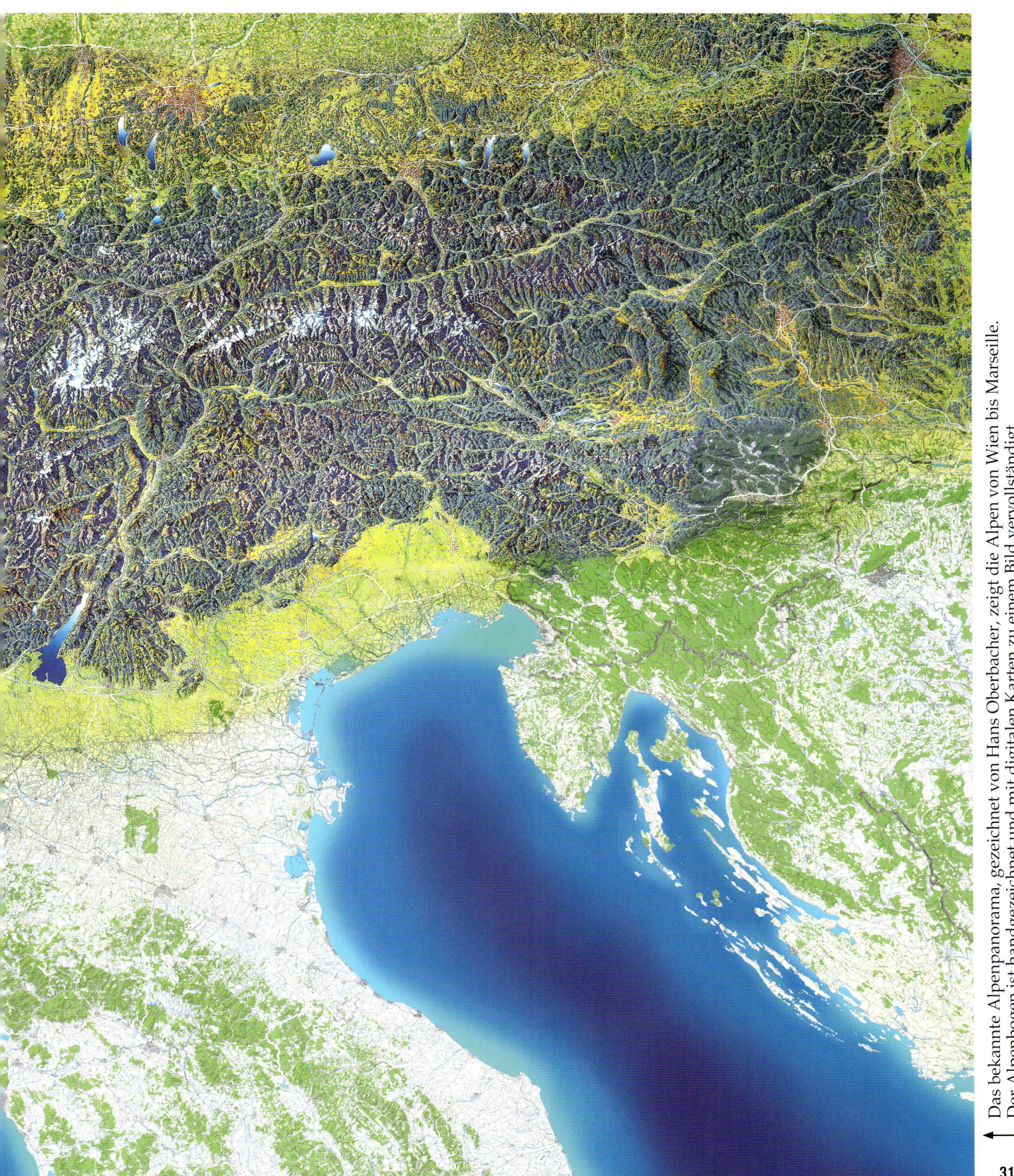

← Das bekannte Alpenpanorama, gezeichnet von Hans Oberbacher, zeigt die Alpen von Wien bis Marseille. Der Alpenbogen ist handgezeichnet und mit digitalen Karten zu einem Bild vervollständigt.

DAS JUNGE GEBIRGE

Die Alpen sind naturwissenschaftlich betrachtet mit einem Alter von circa 60 Millionen Jahren ein sehr junges Hochgebirge – das haben sie mit den Anden und dem Himalaya gemeinsam. Die Gebirgsbildung ist noch nicht abgeschlossen, sie dauert noch heute an.

Die Alpen reichen bis Marseille. Bei Calanque tauchen sie wunderschön in das Mittelmeer unter. (Bildquelle: Kalipic über stock.adobe.com)

DER ALPENBOGEN VON NORDEN WIEN - GARDASEE

Das Alpenpanorama von Hans Oberbacher zeigt die Alpen von Wien bis Marseille mit Blick von Norden Richtung Süden. Um es besser zu zeigen, ist es auf zwei Seiten aufgeteilt.

DER ALPENBOGEN VON NORDEN GARDASEE - MARSEILLE

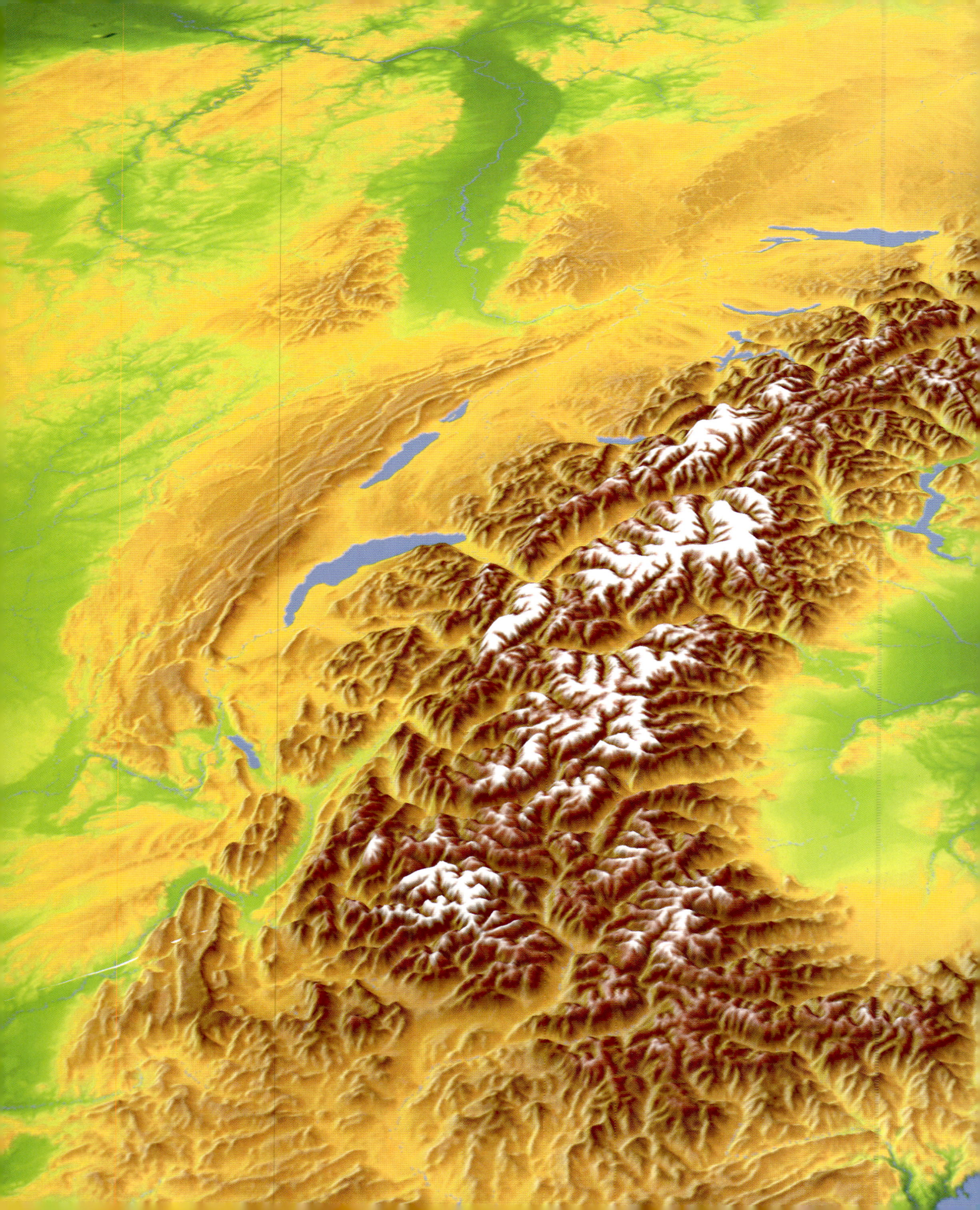

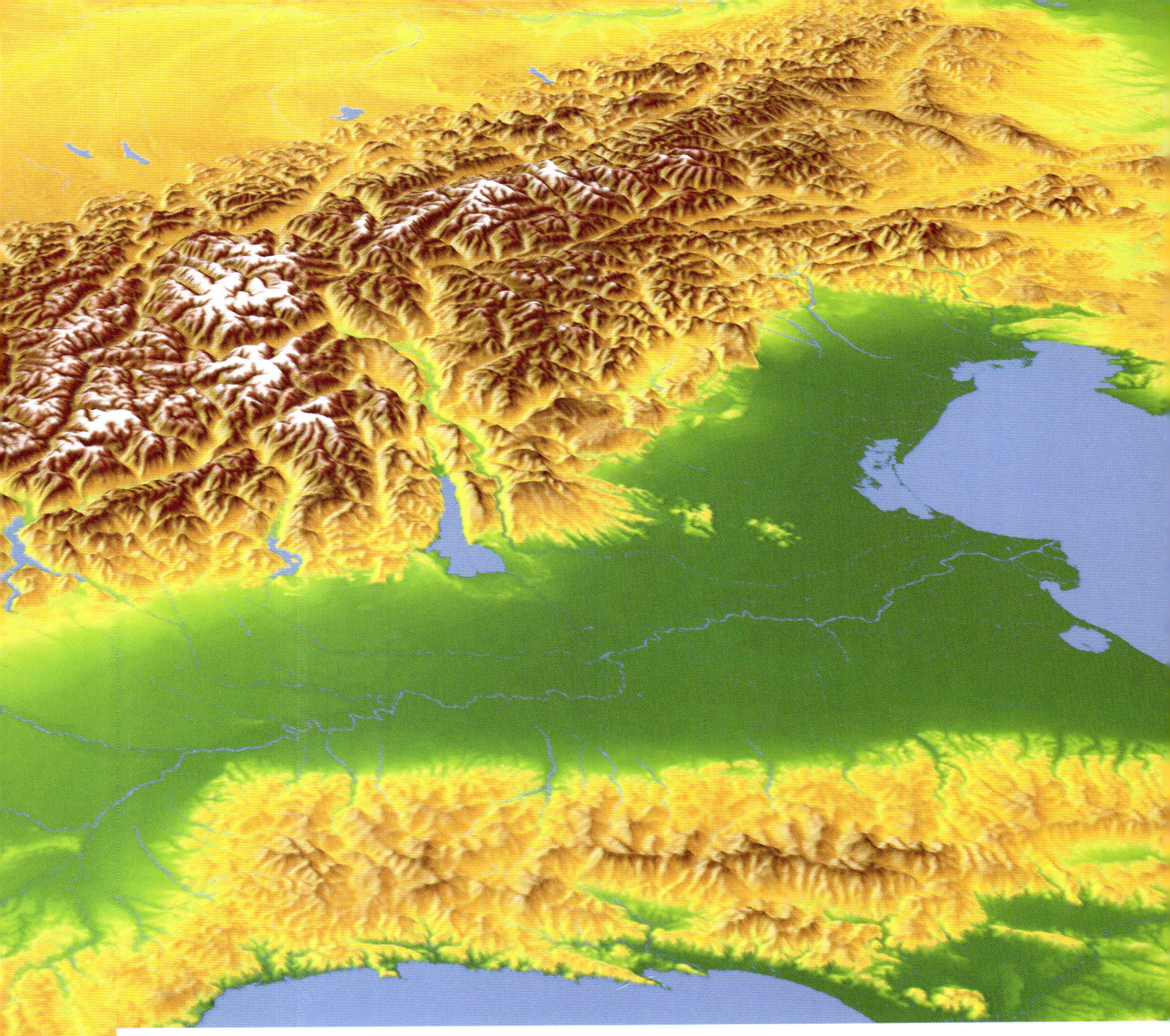

DIE ZAHLEN

Die Alpen erstrecken sich in einem Bogen über 1.200 Kilometer vom Ligurischen Meer bei Marseille bis zum Pannonischen Becken am Neusiedlersee und sind bis zu 250 Kilometer breit. In den Westalpen sind die Gipfel meist zwischen 3.000 und 4.000 Meter hoch, in den Ostalpen sind die Berge ein wenig niedriger. An der Grenze zu Frankreich und Italien liegt der Mont Blanc – mit 4.807 Metern der höchste Berg der Alpen. 128 Berge der Alpen sind Viertausender, etliche davon vergletschert.

GEBIRGE IST NICHT GLEICH GEBIRGE

Spricht man von Gebirgen in Europa, dann hat man meistens die Alpen im Sinn. Es gibt aber noch weitere Gebirge: Der Ural am östlichen Ende des Kontinents, die Pyrenäen im Westen, aber auch die skandinavischen Gebirge, der Kaukasus oder die Karpaten.

Die meisten Gebirgszüge sind in der südlichen Hälfte Europas konzentriert, wo das Aufeinandertreffen der Afrikanischen und Eurasischen Kontinentalplatten viele geologische Störlinien verursacht.

DIE EINORDNUNG DER ALPEN

Die Alpen sind Teil eines jungen Faltengebirgssystems, das sich vom Atlasgebirge in Marokko über Sierra Nevada, Alpen, Apenninen, Karpaten, Balkan, Kaukasus, die Gebirge Vorderasiens und den Himalaya bis nach Südostasien fortsetzt. Zu den Alpenländern – auch Alpenstaaten genannt – gehören Deutschland, Frankreich, Italien, Liechtenstein, Monaco, Österreich, Schweiz und Slowenien. Die Alpen sind eines der am dichtesten besiedelten Gebirge der Erde. Das macht sie zu einem der spannendsten Lebensräume in der Interaktion von Mensch und Natur auf verschiedensten Höhenstufen. Das Gebirge ist Lebens- und Wirtschaftsraum, europäisches Erholungsgebiet und ein ökologischer Ausgleichsraum. Es fungiert als Wasserspeicher, Klimaregulator und ökologische Nische für verschiedene Pflanzen- und Tierarten. Die fortschreitenden Eingriffe in die Natur des Alpenraumes stören dieses sensible Gleichgewicht.

Die Weinberge rund um Wien sind der Anfang der Alpen. Aufgenommen wurde das Foto von Simon Laabmayr.

ALPEN - ADRIA

Das Alpen - Adria-Panorama gezeichnet von Alfred Brötz.

DIE ALPENÜBERQUERUNG

Wollte man früher die Alpen überwinden, so überquert man sie heute bewusst. Mit einer Alpenüberquerung werden landläufig Reisen von Nord nach Süd oder umgekehrt bezeichnet. Natürlich könnte man die Alpen aber auch von West nach Ost oder von Wien nach Frankreich durchqueren. Klassische Transitrouten bei der Überquerung führen von Basel nach Mailand oder von München nach Venedig. Überquert man jedoch nur den Alpenhauptkamm, beispielsweise von Nord- nach Südtirol, nennt man das eine Überschreitung. Die Gründe die 150 bis 250 Kilometer breiten Alpen zu überqueren sind genau so vielfältig wie die Bergwelt selbst und ändern sich im historischen Kontext. Einer der berühmtesten Alpenüberquerer der späten Jungsteinzeit war Ötzi, der 1991 in den Ötztaler Alpen gefunden wurde. Aber auch Hannibal versuchte seine 37 Elefanten über die Alpen zu führen, um Rom einzunehmen. Eines haben die beiden gemein: Sie reisten nicht aus touristischen Gründen, sondern um Handel zu treiben oder Krieg zu führen. Einfach mal so wagte man nicht den Weg durch die Berge, zumal eine solche Reise zum Teil wochenlang dauerte – den Elementen der Natur ganz und gar ausgesetzt. Heute ist das anders. Weit- und Fernwanderrouten, die den ganzen Alpenbogen erschließen – wie der E5 von der französischen Atlantikküste nach Verona und die Via Alpina von Monaco nach Triest – boomen.

Bild von Roman Huber von einem Mann, der die Alpen zu Fuß überquert. Aufgenommen in der Nähe des Fundortes von Ötzi, dem vermutlich ersten bekannten Alpenüberquerer überhaupt.

DIE 4 GROSSEN PÄSSE DER ALPEN

Zur Zeit der Römer entstand ein befestigtes Netz an Wegen, die Rom mit den Alpenregionen verband: Der Grundstein für die heutigen Alpenpässe. Ab dem 17. Jahrhundert dominierte der Postverkehr mit Postkutschen, der Personenverkehr über die Alpen gewann an Beliebtheit. Mit der Eisenbahn im 19. Jahrhundert weitete sich die Infrastruktur aus. Spätestens mit dem erstarkenden LKW-Transit wurden im 20. Jahrhundert die wichtigen Verkehrswege mit Tunneln, ausgebauten Passstraßen und Schienennetzen ganzjährig zugänglich gemacht. Traditionell gelten die Pässe Mont Cenis/Fréjus, Simplon, Gotthard und Brenner als die vier großen Alpenübergänge. Sie schließen die Alpenfläche zwischen der italienisch-französischen, der italienisch-schweizerischen und der italienisch-österreichischen Grenze ein, die auch als Innerer Alpenbogen bezeichnet wird.

DIE KLIMABARRIERE

Die Zentralalpen bilden die Wasserscheide zwischen Nordsee und Mittelmeer, die Ostalpen zwischen Schwarzem Meer und Mittelmeer. Als Klimascheide trennen die Alpen das klimatisch rauere Mitteleuropa vom mediterranen Süden, denn der Alpenkamm verhindert weitgehend den Transport von Kaltluftmassen aus dem Norden in den Süden bzw. von Warmluftmassen aus dem Süden in den Norden. Mit steigender Höhe nehmen im Allgemeinen die Temperaturen ab – etwa 0,6 °C je 100 m – während die Intensität der Sonnenstrahlung zunimmt. Zugleich verkürzt sich die Vegetationsperiode im Frühjahr und im Herbst um je eine Woche.

DER BODENSEE VON NORDEN

Vor 10.000 Jahren hinterließ die Würmeiszeit einen riesigen Gletscherrandsee, den erst die Tiefenerosion in den heutigen Ober- und Untersee teilte. Gezeichnet von Gerhard Ambrosig. Der Bodensee mit Blick von Norden Richtung Schweiz im Süden.

DIE VERLANDUNG

Ungefähr 110.000 Jahre dauerte die letzte Eiszeit im Herzen Europas. Damals reichte der Rheingletscher von den Alpen bis nach Oberschwaben und zu den Vulkanbergen im Hegau. Mit dem Einsetzen der großen Eisschmelze vor etwa 10.000 Jahren grub der Gletscher das Bodenseebecken in das heutige Dreiländereck zwischen Deutschland, Österreich und der Schweiz. Ein geologischer Prozess, der die bizarre Bodenseelandschaft zwischen Vulkankegeln und Moränenhügeln – mit den Worten des Heimatdichters Ludwig Finckh – durch „Feuer, Eis und Wasser zu einem Paradies formte." Geologische Landschaftspoesie, die man erst einmal auf sich wirken lassen muss.

In seiner Jugend war der Bodensee übrigens noch um ein Vielfaches größer – erst die Tiefenerosion des Hochrheintals senkte den Wasserspiegel auf 390 Höhenmeter ab und teilte ihn in Ober- und Untersee, mit dem Seerhein als Flussverbindung. Diese natürliche Auffüllung stehender Binnengewässer mit organischem Material wird fachsprachlich als „Verlandung" bezeichnet. Wird hingegen anorganisches Material angesammelt, spricht man von „Anlandung". Beide Vorgänge ergänzen sich schließlich im erosiven Zwischenstadium der Flachmoorbildung und dem Wachstum von Wasser- und Sumpfpflanzen – bevor das Binnengewässer schließlich ganz verschwindet.

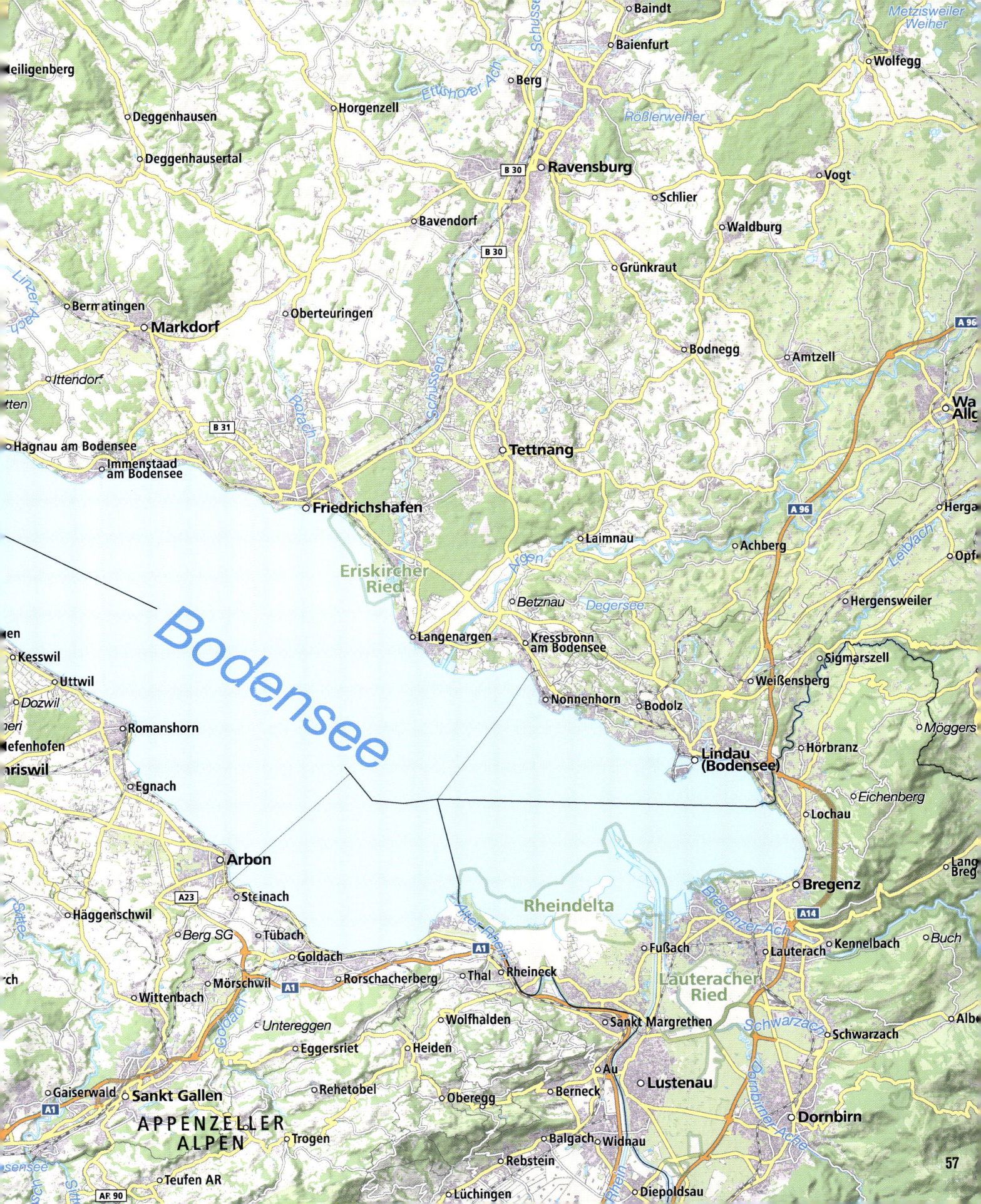

DIE SACHE MIT DEN NAMEN

Der römische Geograf Pomponius Mela benennt die beiden Seen um 43 n. Chr. erstmals als Lacus Venetus (nach den ortsansässigen rätischen Vennoneten) und Lacus Acronius. Plinius der Ältere bezeichnet das gesamte Binnengewässer 32 Jahre später allerdings als

Lacus Raetiae Brigantinus – nach dem größten römischen Ort am See, Brigantium (heute Bregenz). Dem römischen Historiker Ammianus Marcellinus war das zu lang, er lässt die Räter weg und beschränkt sich auf die keltischen Brigantier – in seinen Schriften ist darum nur noch die Bezeichnung Lacus Brigantiae zu finden. Seinen heutigen deutschen Namen verdankt der Bodensee wiederum der Ortschaft Bodman (nach althochdeutsch Bodam für Erdboden), die sogar noch bis in die Steinzeit zurückreicht. Als alemannischer Herzogsitz, fränkische Königspfalz und bekannte Münzprägestätte verdrängt der Bodamsee im Frühmittelalter alle römischen Bezeichnungen. Nach dem Konzil von Konstanz (1414–18) etabliert sich im romanisch-katholischen Sprachraum allerdings auch der lateinische Name Lacus Constantinus – den man als Lake Constance auf Englisch noch bis heute kennt.

← Mit einer Gesamtfläche von beeindruckenden 571,5 Quadratkilometern ist der Bodensee das drittgrößte Binnengewässer Europas. Foto von Thomas Hennerbichler.

DER BREGENZERWALD

Am Beispiel Bregenzerwald wird deutlich, wie regionale Flurnamen von geologischen Einteilungen abweichen können. Gezeichnet von Gerhard Ambrosig.

KARTE UND GEBIET

Wie sich das Lesen von Karte und Gebiet maßgeblich unterscheiden kann, zeigt der Bregenzerwald besonders anschaulich: Die Region Bregenzerwald liegt im österreichischen Vorarlberg und ist vom alpinen Alpensegment „Bregenzerwaldgebirge" zu unterscheiden – laut offizieller Alpenvereinseinteilung der Ostalpen handelt es sich dabei um eine von 27 Untergruppen der Nördlichen Ostalpen. Die Region Bregenzerwald wird kartografisch hingegen vom Rheintal im Westen, den bayerischen Landkreisen Lindau und Oberallgäu im Norden, östlich vom Kleinwalsertal, dem Arlberggebiet und dem Tannberg sowie dem Großen Walsertal im Süden eingekesselt. Ein trichterförmiges Tal mit engem Ausgang, das man in geomorphologischen Fachkreisen auch kurz und knapp als „Tobel" kennt. Ein Schweizer Flurnamenforscher führt diese Bezeichnung über romanische Ursprünge bis zum lateinischen „tubus" (Röhre) zurück. Beschrieben wird damit ein sanftes Hochtal im Gebirge, das meist jedoch keine primär glazialmorphologischen Eigenschaften aufweist – also erst nach der letzten großen Eiszeit entstand. Charakteristisch für so einen trichterförmigen Tobel ist auch ein deutlich erkennbares Durchbruchstal mit steilem Sturzbach (die Bregenzerach). Hier konzentriert sich die Erosion der weicheren Gesteinsschichten, Wildbäche finden zusammen und leiten den Gerölltransport durch den damit entstehenden Tobelbach.

Die Region Bregenzerwald zeigt außerdem, wie die komplexe 3-Stufen-Landwirtschaft der traditionsreichen Almbetriebe auch das vorherrschende Landschafts- und Vegetationsbild nachhaltig verändert.

DIE MAIENSÄSS

Um das Jahr 1000 finden erste Siedler ihren Weg in das damals noch komplett bewaldete Gebiet Bregenzerwald. Ausgehend vom heutigen Bregenz beginnt die Besiedlung und aufwendige Kultivierung der sanften Hügellandschaften. Um die Berghänge landwirtschaftlich nutzbar zu machen werden Waldflächen gerodet und urbar gemacht.

Die damit verbundene Dreistufenlandwirtschaft der „Maiensässe" wird 2011 zum immateriellen UNESCO-Kulturerbe erhoben und beschreibt eine Sonderform der alpinen Landwirtschaft.
Diese ist vornehmlich in den Schweizer Kantonen Graubünden, Wallis und Tessin sowie im westlichen Tirol und in Vorarlberg

verbreitet, das Schweizer Idiotikon (Wörterbuch) listet „meiensess" offiziell ab 1540. Gemeint ist damit die Teilung der Landwirtschaft in drei unterschiedlich hochgelegene Jahresabschnitte – wobei der „Maiensitz" das erste und tiefgelegenste Basislager für den gesamten Bauernhof darstellt, darüber schließen in den Mittel- und Hochalpen die Bergmäder an. Sinn und Zweck dieser Dreistufenlandwirtschaft war noch bis ins 20. Jahrhundert die umfassende landwirtschaftliche Nutzung des gesamten hochalpinen Gebietes.

Heute zeigt sich die Region Bregenzerwald dafür entsprechend weniger dicht bewaldet.

KLEINWALSERTAL

DAS ALLGÄU

Die Allgäuer Alpen und das Kleinwalsertal sind Ausdruck eines plattentektonischen Kraftaktes, der vor etwa 200 Millionen Jahren seinen Anfang nahm und die verschiedenen Gesteinsschichten zum heutigen Allgäuer Gebirge aufzufalten begann. Dabei wurde auch der Boden des ehemaligen Urmeeres Tethys nach oben gedrückt und formte so die unterschiedlichen Sedimentschichten im Gestein – konkret Kalkalpengestein, Flysch, Helvetikum und Molasse von Süd nach Nord. Teilweise lagern in den Allgäuer Alpen ältere Gesteinsschichten über jüngeren.

← Ein plattentektonischer Kraftakt türmte vor gut 200 Millionen Jahren die Allgäuer Alpen auf und schob dabei auch den Boden des ehemaligen Urmeeres Tethys in die Höhe. Foto von Florian Aletsee.

Aber auch eine weitere Besonderheit bieten die Berge hier: Normalerweise findet man Gletscher ab einer Höhe von 2.800 bis 3.000 Metern. Der höchste Berg der Allgäuer Alpen hat eine Höhe von 2.657 Metern und trotzdem findet man hier ein Gletscherchen, den Schwarzmilzferner. Dafür gibt es zwei Gründe: der Bereich, der vom Gletscher bedeckt ist, hat teilweise nur eine geringe Neigung und liegt direkt südöstlich der steilen Gipfelfelsen der Hochfrottspitze. Ab der Mittagszeit ist der Gletscher also von direkter Sonneneinstrahlung geschützt. Ein weiterer Faktor der den kleinen Gletscher auf niedriger Höhe am Leben erhält ist der Niederschlagsreichtum der Allgäuer Alpen, der im Winter und im Frühjahr zur Ablagerung von enormen Schneemengen in den Hochlagen führt.

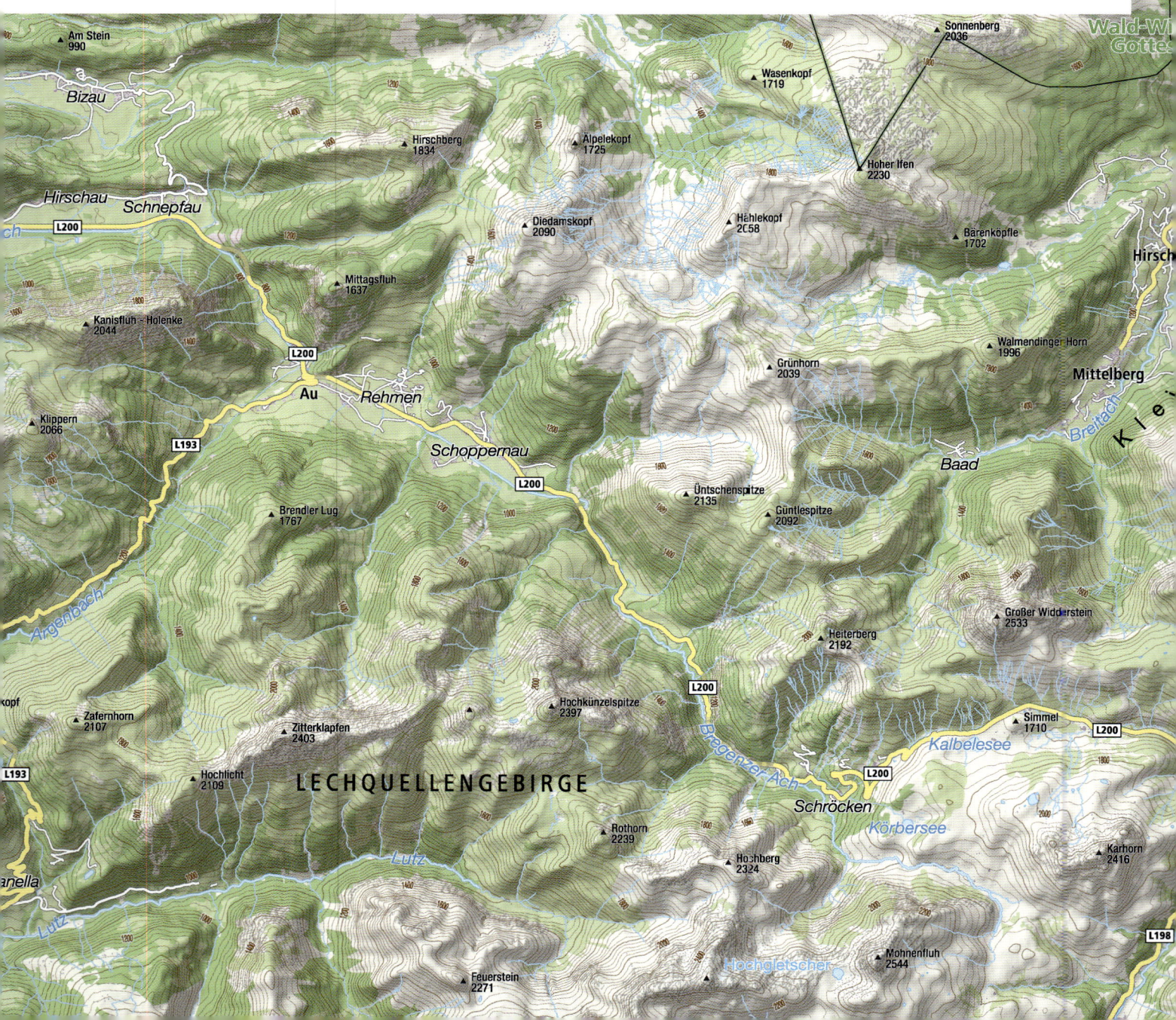

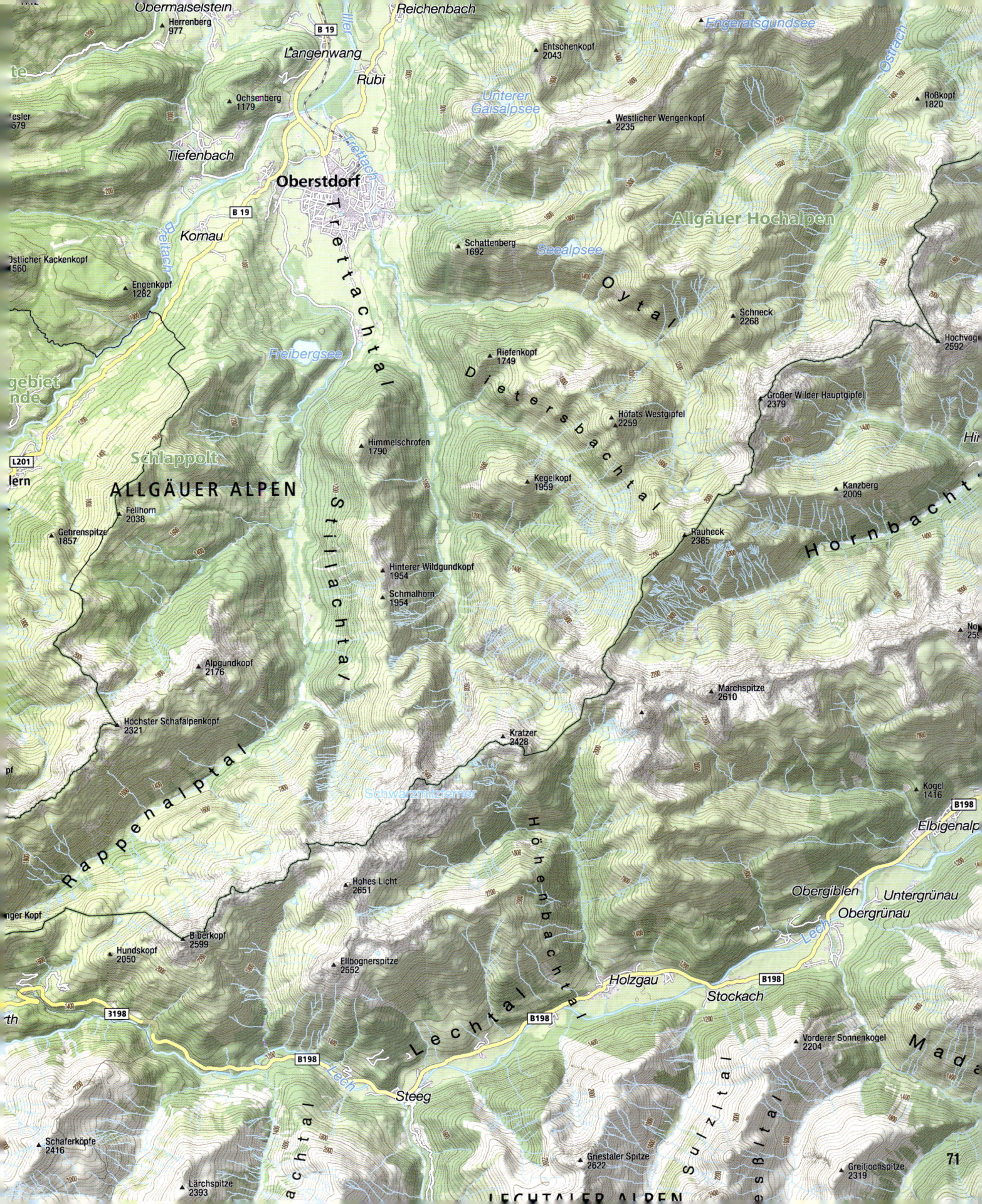

TANNHEIMER TAL

Das Tannheimer Hochtal steckt voller geologischer Besonderheiten, von oben offenbaren sich die landschaftlichen Zusammenhänge. Gezeichnet von Alfred Brötz.

DAS HOCHTAL

Mitten in den Tannheimer Bergen, einem Teil der Nördlichen Kalkalpen, liegt das Tannheimer Hochtal auf 1.100 Metern im Tiroler Bezirk Reutte. Ein Seitental des Lechtals, rund 20 Kilometer lang und mit einer breiten Talsohle. Hochtäler sind eigentlich in Gebirgen zu finden, die nicht durch starke Erosion ausgeformt wurden. Ein Hochtal liegt darum meist deutlich höher als seine Täler in der Nachbarschaft und ist nur über eine markante Höhenstufe zugänglich – neben dem Tannheimer Tal ist auch das Engadin in der Schweiz ein Beispiel für ein solches Hochtal. Viele der Tannheimer Gipfel sind aus Wettersteinkalk. Die Gipfel rund um das Tal werden der Gruppe der Tannheimer Berge in den Allgäuer Alpen zugerechnet. Der höchste ist die Kellenspitze mit 2.238 Metern.

Findlinge wie dieser sind markante Relikte der letzten Eiszeit, die beim Abschmelzen der Gletscher in der Landschaft zurückgelassen wurden. Foto von Florian Aletsee.

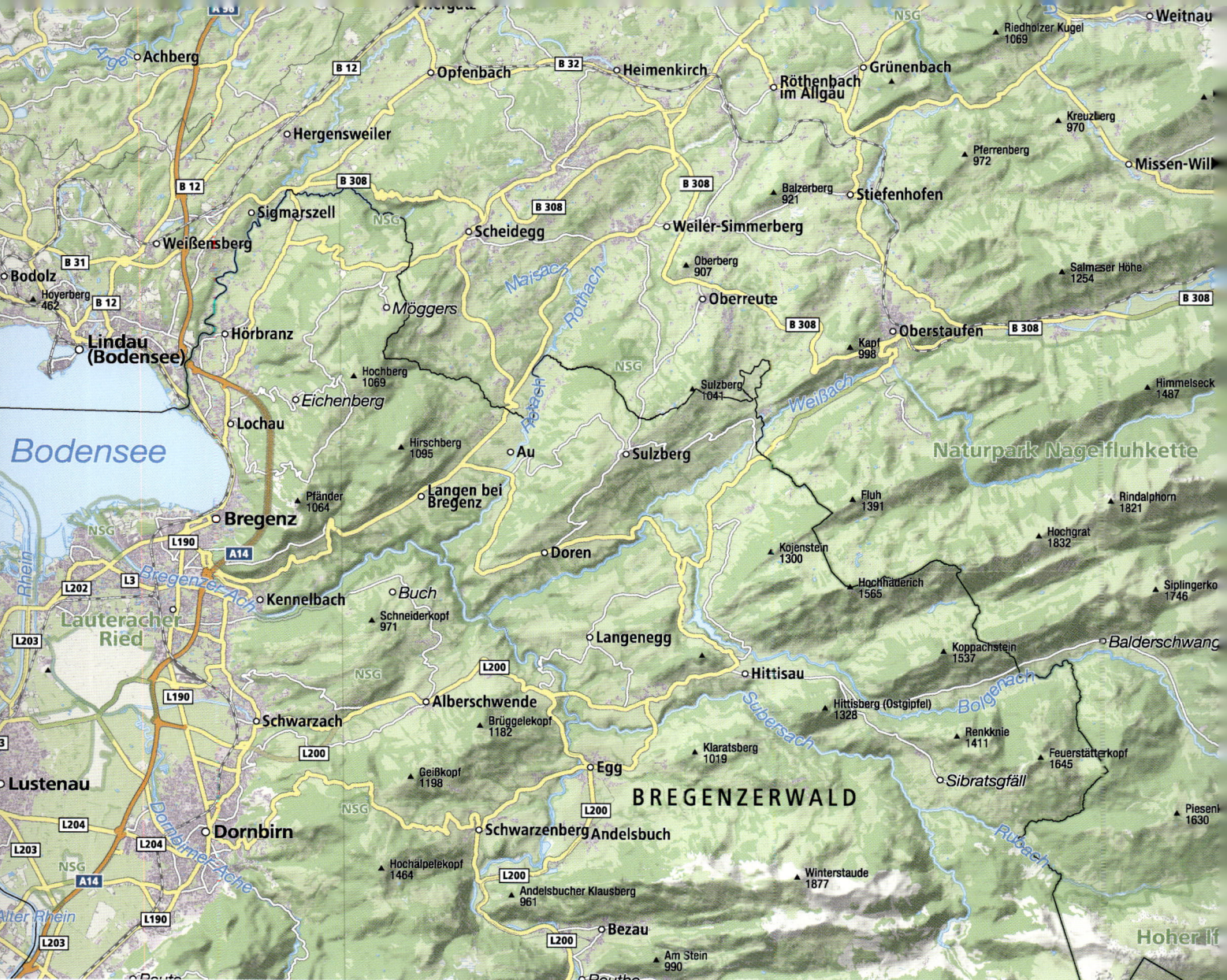

DAS KARBONATGESTEIN

Während weite Bereiche der Allgäuer Alpen aus dem brüchigen Hauptdolomit oder aus den ebenfalls mit Vorsicht anzufassenden Juragesteinen der Allgäuschichten bestehen, sind viele der Tannheimer Gipfel aus Wettersteinkalk. Das ist ein Karbonatgestein, das im Erdmittelalter vor etwa 242 Millionen Jahren entstanden ist. Er ist dem Dolomit in der Zusammensetzung und im Aussehen ähnlich, nur dass dem Wettersteinkalk ein Anteil an Magnesium fehlt. Östlich des Vilsalpsees befindet sich im Bereich von Schochen- und Sulzspitze die geologische Grenze zwischen der Allgäudecke und der Lechtaldecke mit Gesteinen aus der Trias.

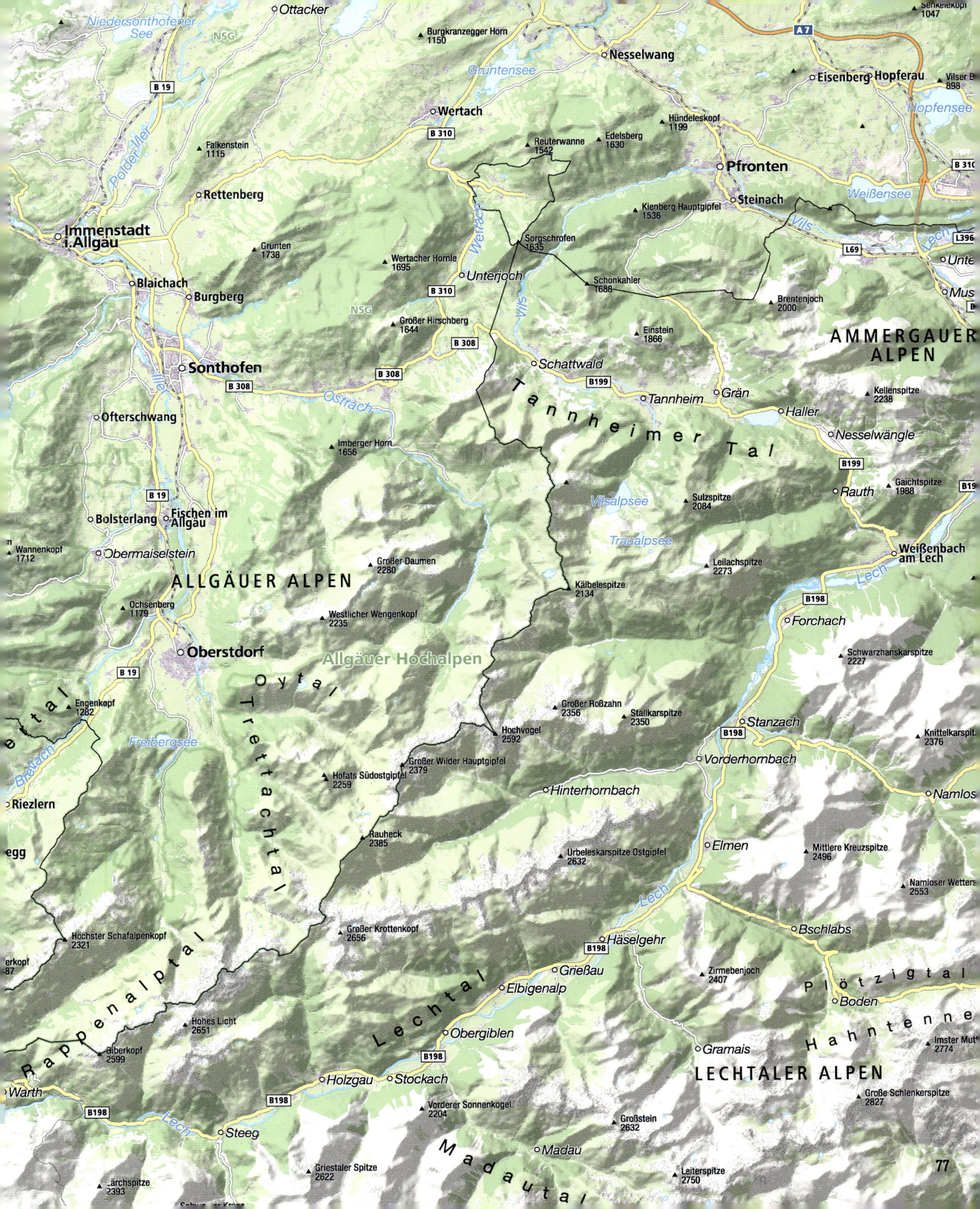

LEUTASCH

DIE BUCKELWIESEN

Südöstlich der markanten Zugspitze erstreckt sich das 16 Kilometer lange Leutascher Hochtal bei Seefeld – von der Hohen Munde entlang des Wettersteingebirges bis zur Leutascher Geisterklamm. Die Landschaft ist durchsetzt von hier typischen Buckelwiesen: Kleine Hügel und Mulden von bis zu eineinhalb Metern, eine geomorphologische Besonderheit im alpinen Raum. Vielerorts sind die Buckelwiesen von Menschenhand längst eingeebnet und waren jahrzehntelang Gegenstand wissenschaftlicher Diskussionen. Erst 1958 können die wellenförmigen Aufwerfungen bei Untersuchungen in den Julischen Alpen bei Bled im damaligen Jugoslawien (heute Slowenien) auf kalkhaltige Sedimente zurückgeführt werden. Gletscher schoben die Sedimente der Moränen zu länglichen Bodenwellen zusammen. Im Wechselspiel von Warm und Kalt formte das Schmelzwasser aus den Wellen kleine Hügel. Dokumentationen menschlicher Eingriffe reichen bis ins 8. Jahrhundert zurück, damals machten sich die ersten bayerischen Mönche an die sogenannte „Mahd", um Nutzflächen für Weidevieh zu kultivieren. Heute liegen 1.000 der verbliebenen 1.200 Hektar im Gebiet Mittenwald nahe Leutasch und stehen unter Naturschutz. Auf den nährstoffarmen, sauren Böden gedeihen über 200 Blumenarten – etwa Stengelloser Enzian, Rotes Kohlröschen, Habichtskraut, Berg-Hahnenfuß, Mehlprimeln, Weißer Silberwurz und Gelbe Schwarzwurzel.

Von den charakteristischen Buckelwellen sieht man hier oben wenig. Dafür präsentiert sich hier in der Mitte die Hohe Munde und am Horizont die Zugspitze. Foto von Thomas Karol

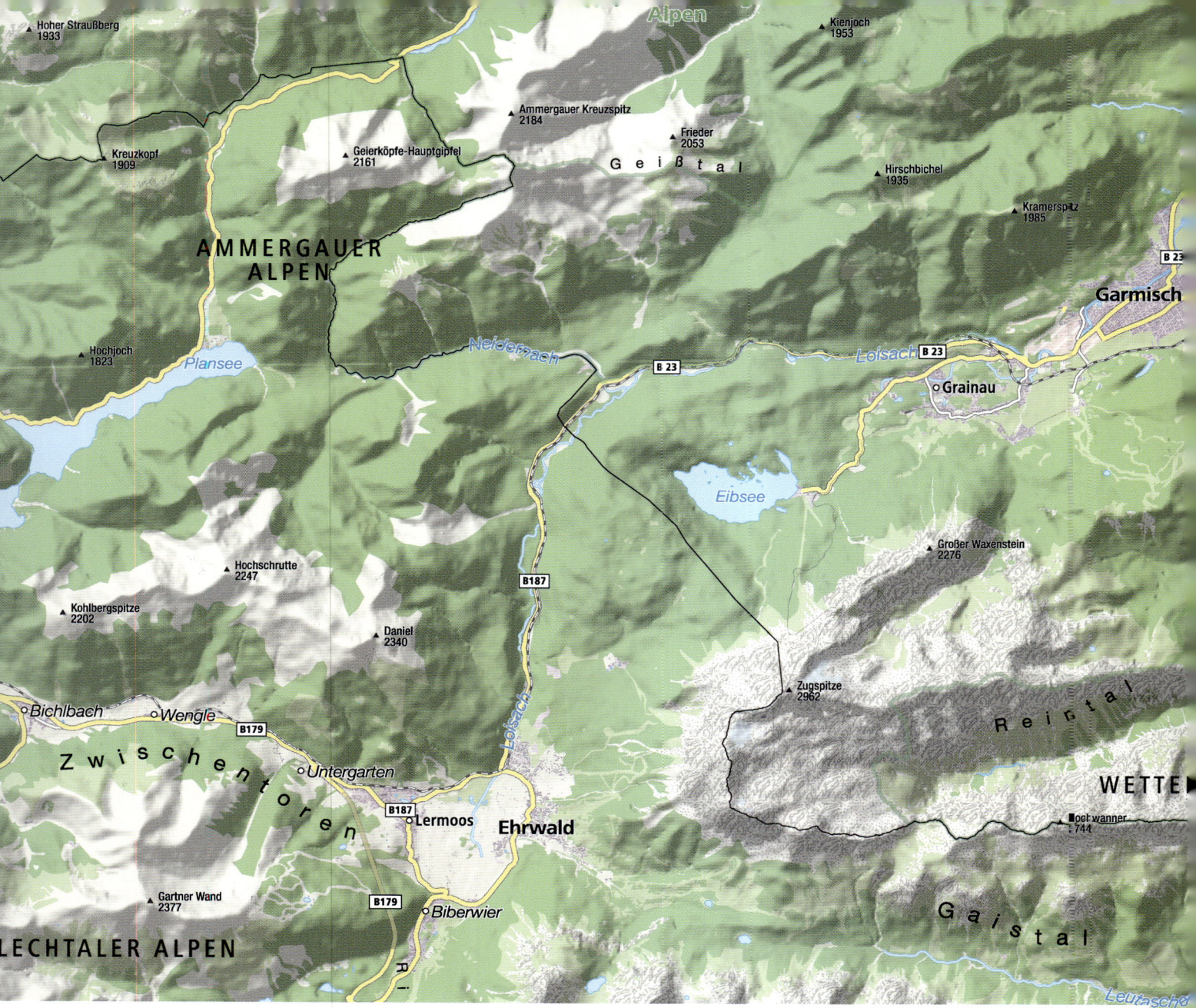

DIE KARWENDELBAHN

Die Zugverbindung vom Inntal durch die Region Seefeld bis nach Garmisch ist die einzige direkte Tiroler Bahnverbindung durch die Alpen nach Bayern und verläuft entlang der antiken Nord-Süd-Handelsroute. Einst führte hier die alte Römerstraße über den Zirler Berg, durch Reith, Seefeld und Scharnitz bis nach Mittenwald. Auf ihrem Weg passiert die Karwendelbahn gleich 16 Tunnel sowie 18 Brücken und Viadukte – übrigens ganz ohne Steighilfen wie Stahlseile oder Zahnräder. Auch Fernzüge fahren hier; in Seefeld liegt auf exakt 1.180 Meter der höchstgelegene ICE-Bahnhof der Welt.

SEEFELD

DER TRANSFLUENZ-SATTEL

Was passiert, wenn ein eiszeitlicher Gletscher überschwappt, zeigt die Seefelder Hochebene zwischen Mieminger Kette, Wetterstein- und Karwendelgebirge. Damals zog der Inntal-Gletscher – aus dem schweizerischen Ober- und Unterengadin kommend – quer durch Tirol. Eine seiner größten Ausdehnungen erreichte er dabei vermutlich vor 400.000 und vor 120.000 Jahren. Im mittleren Inntal wurde der eiszeitliche Strom aber durch südliche Gletscherzuflüsse aus dem Sellrain-, Stubai- und Wipptal so mächtig, dass er an der niedrigsten Stelle des begrenzenden Alpenkamms einfach nach Norden ins bayerische Alpenvorland überschwappte. Dadurch wurde der Sattel des heutigen Seefelds durch die Eismassen flachgewalzt und ähnlich wie ein Tal in U-Form ausgeschliffen – man spricht bei diesem Prozess von einem sogenannten Transfluenzsattel. Der bildet etwa 500 Meter oberhalb des Tiroler Inntals übrigens auch eine Wasserscheide – alles nördlich fließt Richtung Isar, alles südlich zum Inn. In den Senken und Mulden am Seefelder Sattel sammelte sich infolge das Wasser der abschmelzenden Gletscherzungen und formte unter anderem den namensgebenden Seefelder Wildsee.

Das Foto von Thomas Kargl folgt der gleichen Blickrichtung auf der linken Seite des Panoramas Richtung Süden.

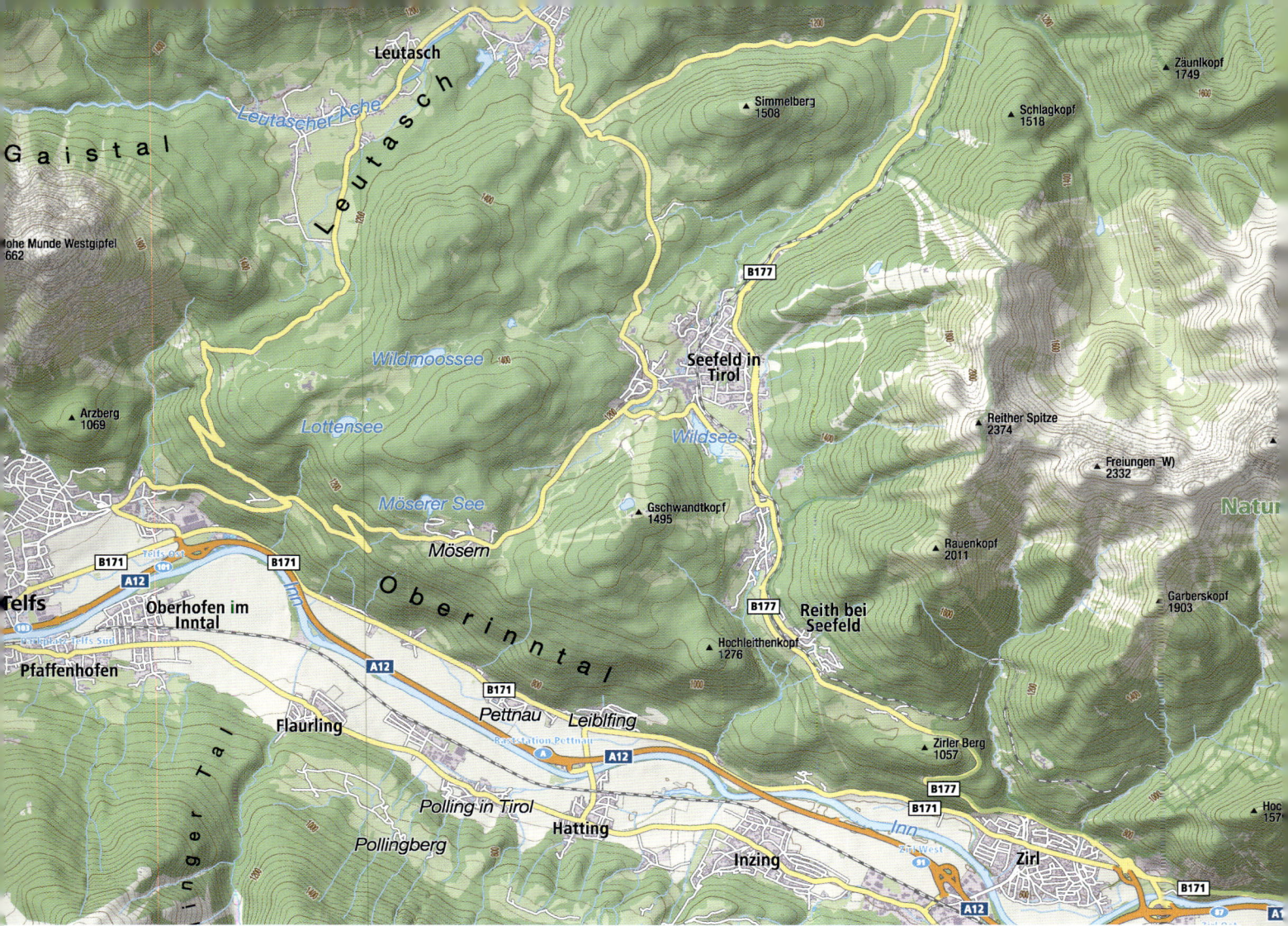

RÄTSELHAFTE NATURPHÄNOMENE

Die steinige Seefeld-Formation entstand schon in der Gebirgsbildung des Erdmittelalters vor über 200 Millionen Jahren, als die Kollision und Verschiebung tektonischer Platten Becken und Gräben bildete. Schwefelhaltiges Wasser ließ damals die Fauna absterben, weitere Prozesse der alpidischen Gebirgsbildung überlagerten die Becken und Gräben wieder. Zwischen etwa 1350 und 1964 wird aus den ansonsten kargen Felsschichten der Seefelder Formation wertvoller Ölschiefer gewonnen und zum Ichthyol, dem sagenumrankten Tiroler Steinöl verarbeitet. Der Legende nach handelt es sich um heilendes Riesenblut, das bis heute an einen verheerenden Revierkampf im Tiroler Mittelgebirge erinnert. Seinen Namen (von altgriechisch Ichthys „Fisch") verdankt das Steinöl dabei den vielen Funden fossiler Fische im Fels. 2013 fand man oberhalb von Seefeld zudem den einzigen Langobardisaurus, einen kleinformatigen Flugsaurier, außerhalb Italiens.

ÖTZTAL

Auf dem Panorama, gezeichnet von Gerhard Ambrosig, sieht man das lang gezogene Ötztal von Nord nach Süd.

DER BERGSTURZ

Nachzeitliche Bergstürze prägen das Landschaftsbild des heutigen Ötztals. Beim Köfler Bergsturz bei Umhausen handelt es sich sogar um den massenmäßig alpenweit größten im Kristallin-Gestein. Vor knapp 9.000 Jahren fallen fast vier Kubikkilometer Stein innerhalb weniger Sekunden in das Tal. Auf der gegenüberliegenden Talseite stauten die Felsmassen den Horlachbach auf, der sich daraufhin ein neues Bachbett grub. Heute stürzt er als Stuibenfall – höchster Wasserfall Tirols – in das Umhausener Talbecken. Durch die Reibung und dadurch entstehende Hitze wurde sogar Gestein in Glas umgewandelt. Wie kam es dazu? Das Gletschereis der letzten Eiszeit stabilisierte die übersteilten Hänge der Ötztaler Alpen. Im Zuge der Erwärmung schmolz der Gletscher als eine Art „Gegengewicht" weg, die Hänge wurden instabil. Ein Phänomen, das auch heute wieder eine große Rolle in hochalpinen Lagen spielt: Durch die Erwärmung tauen die Permafrostböden auf.

VOM SÜDEN IN DEN NORDEN

Die massiven Bergstürze im Ötztal verhinderten eine Besiedlung des Tales aus dem Norden. Stattdessen querten die ersten Menschen die Gletscher des Alpenhauptkamms aus dem Süden, um im

Ötztal vor 7.500 Jahren erste kleine Siedlungen zu errichten. Auch der Fund des Eismannes Ötzi im Jahr 1991 bestätigte, dass das hintere Ötztal in der späten Jungsteinzeit als Hochweidegebiet genutzt wurde. Zur damaligen Zeit herrschte in den Alpen allerdings ein verhältnismäßig mildes und trockenes Klima und die Bergwiesen über der Waldgrenze boten ideales Weideland für Steinbock, Gämse und Wildschaf, das später zum Hausschaf domestiziert wurde. Der Wildreichtum lockte in der Phase der Mittleren Steinzeit, die circa 8.000 bis 5.000 vor Christus angesetzt wird, Menschen in die Bergregionen.

Dass der inneralpine Raum in der archäologischen Forschung als in der Steinzeit unbesiedelter Raum galt, ist heute hinreichend widerlegt.

Das Ramolhaus und der Gurgler Ferner im Hintergrund, aufgenommen von Roman Huber.

m Patscherkofel zur Nordkette

Die eindrucksvolle Alpenwand aus Riffkalk nördlich der Landeshauptstadt Innsbruck nennt man hier aufgrund ihrer Lage einfach und einleuchtend „die Nordkette". Gezeichnet von Alfred Brötz.

DAS TROGTAL

Das Tiroler Inntal entlang der markanten Nordkette präsentiert sich als typisches Trogtal, geformt vom einst mächtigen Inn-Gletscher, der hier steile Flanken sowie hochliegende Talschultern und Terrassen hinterließ. Die Melach zwischen Zirl und Kematen unterhalb des Seefelder Transfluenzsattels teilt das Tal in das westliche Oberinntal und das östliche Unterinntal. Geomorphologisch interessant: Weil ein Gletscherteil oben nach Bayern ausbrach, verringerte sich unten infolge das Erosionspotential des eigentlichen Talgletschers. So konnte das Unterinntal nicht mehr so tief ausgeschürft werden, bei Axams bildete sich hingegen eine Mulde mit Talriegel. Genau dort entstand infolge der postglazialen Eisschmelze ein gewaltiger See, der sich über 60 Kilometer von Imst bis Innsbruck spannte. Durch den enormen Schmelzwassereintrag fraß sich der Inn jedoch schnell durch den Axamer Riegel und entleerte den See wieder. Die heutige Talform wurde durch den nun sanfter mäandrierenden Inn weiter ausgeschliffen, auf seinem riesigen Schuttkegel liegt heute die Stadt Innsbruck.

DIE NORDKETTE

Die Innsbrucker Nordkette ist der südlichste und kürzeste der vier Gebirgszüge im Karwendel. Der Kleine Solstein markiert auf 2.637 Metern den höchsten Gipfel – nur vom Hafelekar au

2.334 Metern blickt man dank Bergbahn noch erhabener auf Innsbruck. Genau dazwischen soll auf 2.269 Metern einst die selbstverliebte Riesenkönigin Frau Hitt auf ihrem Pferd zu Kalkstein erstarrt sein; sie blickt seither mahnend auf die Stadt. Dass der schroffe Kalkstein einmal ein urzeitliches Korallenriff war, ist fast ebenso wenig vorstellbar wie diese Sage. Und doch: Hier türmen sich die einstigen Küstenlinien der kollidierten Kontinentalplatten zu mächtigen Gebirgen und ehemalige Steinkorallenriffe formen heute die Kalkgipfel im Tiroler Karwendel.

← Dass die Kalkfelsen einst bunte Korallenriffe waren, kann man sich heute kaum vorstellen. Foto von Fabian Künzel (†).

KARWENDELGEBIRGE

Das Karwendelgebirge liegt zu 80 Prozent in Tirol, der Rest in Bayern. Ganze vier Hauptgebirgsketten spannen eine mächtige Wand von West nach Ost. Gezeichnet von Alfred Brötz.

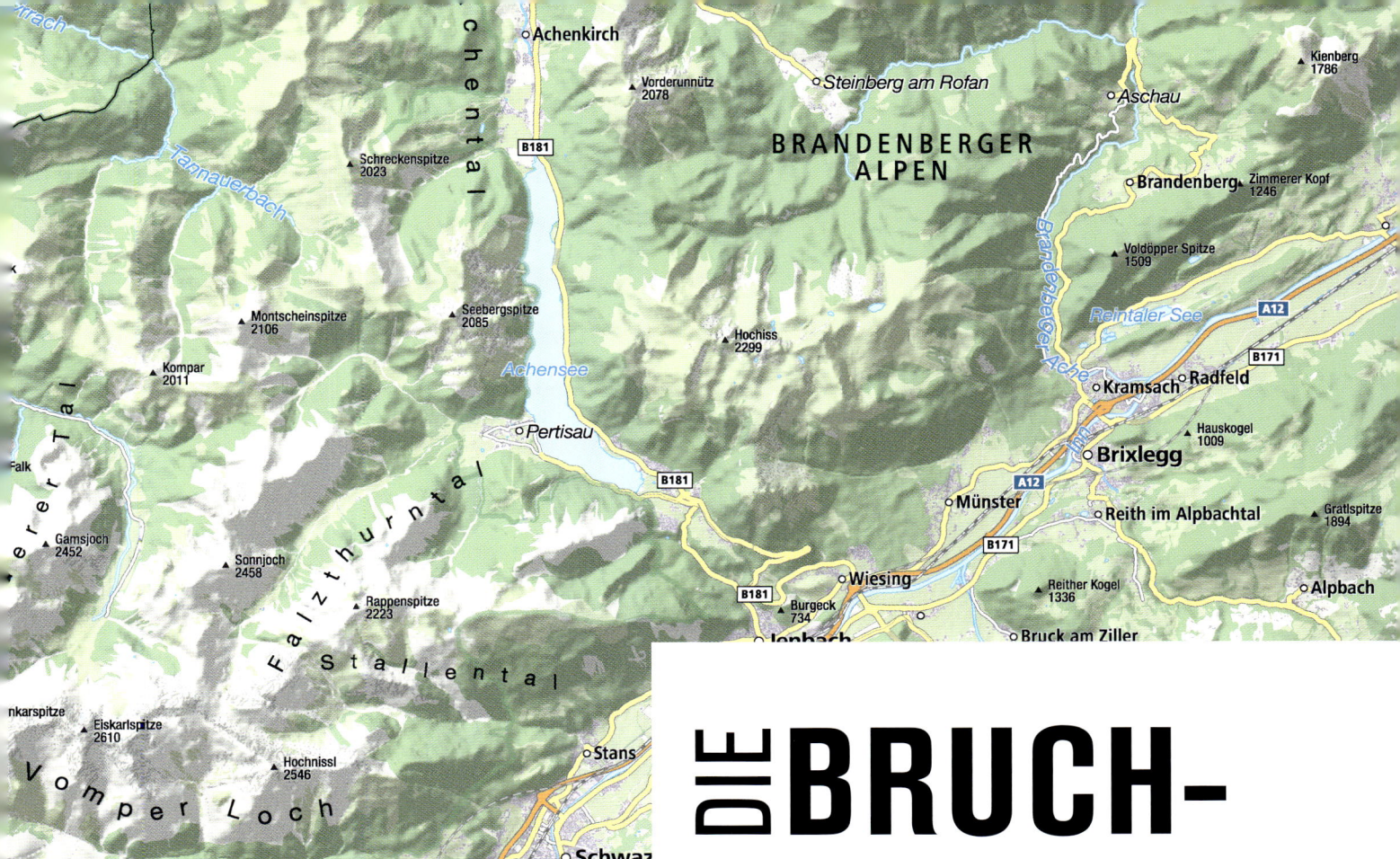

DIE BRUCH-KANTEN

Vier gewaltige Gebirgsketten umfasst das Karwendel nördlich des Inntals, mit 739 km² auch der größte Naturpark Österreichs. Seinen Namen verdankt das weitläufige Gebirge dem Familiennamen „Gerwentil", der 1280 erstmals urkundlich dokumentiert ausschließlich im heutigen Karwendeltal bei Scharnitz anzutreffen war. Mit 2.749 Metern ist die Birkkarspitze weiter östlich davon der höchste Gipfel. Die Gebirgszüge bestehen in ihrem Ursprung aus mächtigen Kalkbänken, die durch die Plattentektonik bzw. die kollidierenden Kontinentalplatten aufgefaltet wurden. Zum Teil bilden deren Bruchkanten bis zu 1.000 Meter hohe Kalkfelswände auf der Nordseite des Gebirges. Südlich sieht es ein wenig sanfter aus, dort schliffen die Gletscher der vergangenen Eiszeiten weite Eintiefungen und mächtige Grate aus.

DER GROSSE AHORNBODEN

Knapp 270 Hektar misst der Große Ahornboden am Ende des Rißtals im Karwendelgebirge. Auf der grasbewachsenen Hochebene versammeln sich über 2.000 Ahornbäume, eingefasst von markanten

Kalkwänden des umliegenden Karwendelgebirges. Der witterungsbeständige Bergahorn wird bis zu 500 Jahre alt und war in Europa schon vor der letzten Eiszeit heimisch. Lange gab der auffällig hohe Ahornbestand im Hinterriß Rätsel auf, erst geologische, archäologische und ökologische Untersuchungen gaben Antworten: Mit den Erosionen der letzten Eiszeit füllte sich die Talsohle des Enger Grundbachs mit bis zu 120 Metern Schotter. Die speziellen tief wachsenden Wurzeln des Ahorns waren anderen Baumarten weit überlegen, die bis zu 30 Meter hohen Bäume konnten in Ruhe wachsen. Andere Nadelbäume und Gebüsche wurden hier vermutlich mit der beginnenden Almwirtschaft im 12. Jahrhundert entfernt. Bis heute zeigt das geschützte Naturdenkmal so das besondere Zusammenspiel natürlicher Gegebenheiten und traditioneller Flächennutzung.

← Im Rißtal sticht eine ungewöhnlich hohe Anzahl uralter Ahornbäume ins Auge. Lange rätselte die Wissenschaft über das heute geschützte Naturdenkmal. Foto von Fabian Künzel (†).

DER ACHENSEE VON SÜDEN

Kristallklar liegt das „Tiroler Meer", der Achensee, zwischen Karwendelgebirge und Brandenberger Alpen. Gezeichnet von Alfred Brötz.

DIE KARWENDEL-MULDE

Das 17 Kilometer lange Achental markiert die Grenze zwischen Karwendelgebirge und Brandenberger Alpen. Mittig erstreckt sich der Achensee – mit 8,4 Kilometern Länge, einem Kilometer Breite und beeindruckenden 133 Metern Tiefe das größte Binnengewässer Tirols. Er füllt einen Teil der sogenannten Karwendelmulde, einer Synklinale, die durch die Auffaltung und Überschiebung der Gesteinsplatten entstanden ist. Und das Gebiet ist auch heute tektonisch noch aktiv: Im Jahr 2021 entdeckten Studenten der Universität Innsbruck bei einer akustischen Profilmessung des Untergrunds des Achensees eine ungewöhnliche Geländestufe. Weitere Untersuchungen des Bohrkerns ergaben, dass es sich um eine tektonische Bruchzone handelt. Das letzte große Beben fand vor rund 8.300 Jahren, also in der Mittelsteinzeit, statt. Im geologischen Sinne gilt diese Bruchzone daher als aktiv.

Vom 1.991 Meter hohen Bärenkopf im Süden blickt man auf die lang gezogene Wasserzunge des Achensees. Foto von Roman Huber

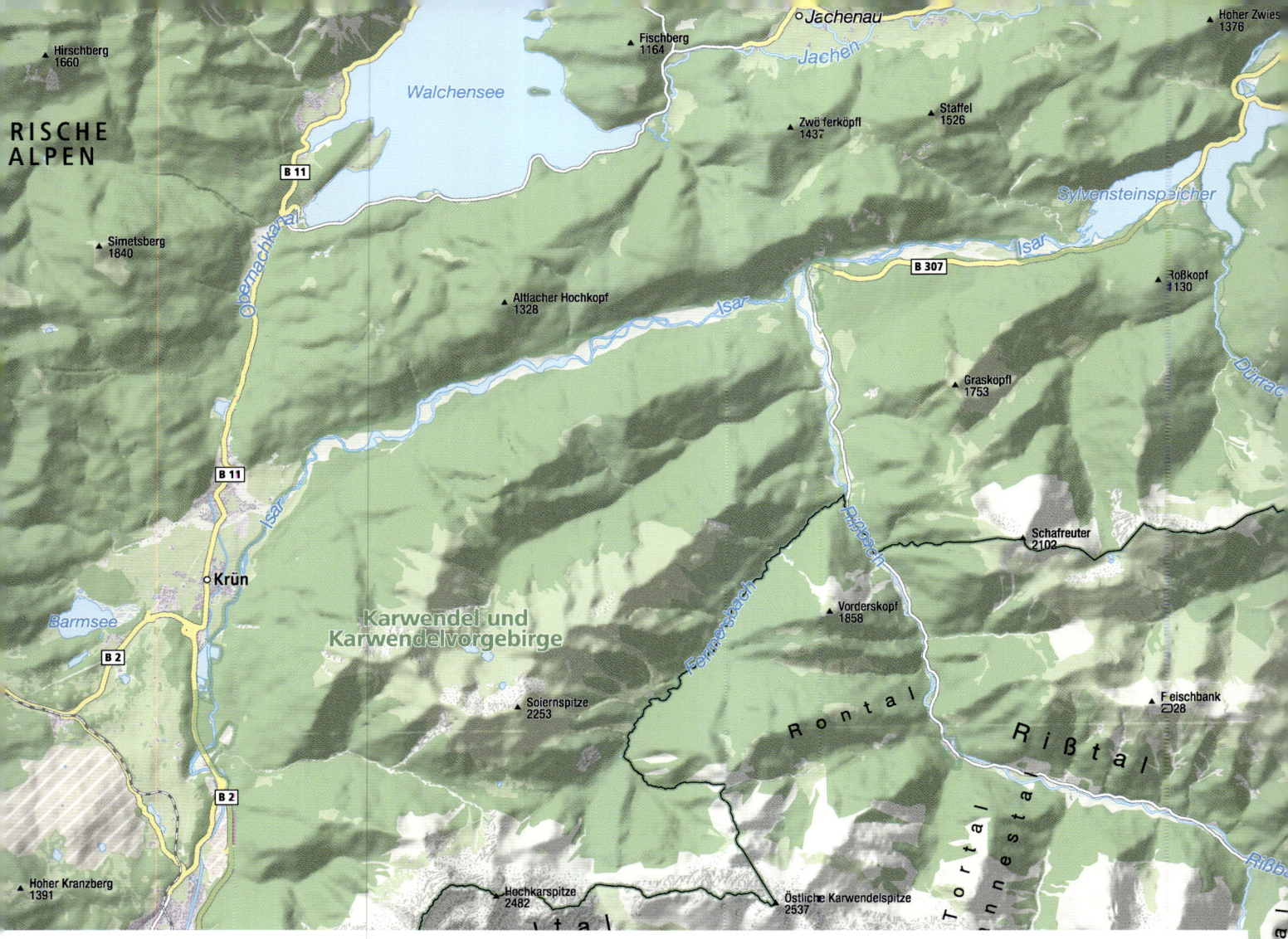

DER FJORD DER ALPEN

Um die Fisch- und Wasserrechte des „Sees zu Achen" gab es einst viel Hin und Her, auch der letzte Kaiser, Maximilian I., jagte und fischte hier leidenschaftlich gern. Kein Wunder, denn die hohe Wasserqualität zeigt sich hier für eine beeindruckende Fischvielfalt verantwortlich: Regenbogen- und Seeforelle, Brache, Elritze, Flussbarsch, Gründling, Hecht, Koppe, Renken, Rotauge, Schleie, Schmerle und Seesaibling. Seit 1924 hat die Tiroler Wasserkraft AG das Sagen und verlegte den natürlichen Nord-Abfluss zur Isar mit dem Achensee-Kraftwerk südwärts zum Inn. Dafür wurde auch das natürliche Einzugsgebiet von 105,3 Quadratkilometern mittels Zuleitung von Dürrach und Ampelsbach um 122,7 Quadratkilometer mehr als verdoppelt.

WIPPTAL - BLICK RICHTUNG OSTEN

Gezeichnet von Alfred Brötz, mit Blick von Westen Richtung Osten.

DAS TIROLER MITTELGEBIRGE

Die Mittelgebirgsterrassen des Inntals sind eine Besonderheit, die der Inntal-Gletscher in den Eiszeiten geformt hat. So wird das vordere Wipptal heute von dem sogenannten Westlichen/Südwestlichen und dem Südöstlichem Mittelgebirge eingerahmt. Es handelt sich dabei um das Grundgebirge, das durch die Eiszeiten sukzessive mit Sedimenten überlagert und aufgebaut wurde. Der stetige Wechsel von Aufschüttung durch Sedimente und dem Abschleifen eben dieser hinterließen „Terrassen", die 200 bis 500 Meter höher liegen als der Talboden. Das Südöstliche Mittelgebirge ist die Hangschulter der Tuxer Alpen zwischen dem Wipptal im Westen und dem Voldertal im Osten und erstreckt sich mit einer Breite von rund zwei Kilometern auf etwa 15 Kilometern Länge. Es liegt im Höhenbereich von rund 800 bis 1.000 Höhenmetern. Diese Terrassencharakteristik setzt sich auch nach Süden ins Wipptal bis Ellbögen fort. Einige Moorgebiete wie das Viller Moor am Eingang des Wipptals sind aus „Toteisresten" entstanden – also Gletschereis, das nach der letzten Eiszeit an diesen Stellen abgebrochen ist und von Sedimenten überdeckt wurde. Durch diese natürliche Isolierung vor der Sonne schmolz das Eis langsamer und es entstanden Moore und Seen.

DER SEHNSUCHTSBERG

Einer der mächtigsten Gipfel auf der Ostseite des Wipptals: der Olperer. Foto von Thomas Kargl.

Wie eine Pyramide reckt sich der mächtige Berg am Alpenhauptkamm gegen den Himmel. Auf einer Seite von einem Gletscher bedeckt gibt sich der 3.476 Meter hohe Olperer unnahbar – dabei ist er seit jeher ein Sehnsuchtsberg. Für Alpinisten, für Naturromantiker und Heimatverbundene stiftet der markante Gipfel des Tuxer Kammes Identität. Der österreichische Extrembergsteiger Peter Habeler trainierte am Olperer für die Erstbesteigung des Mt. Everests 1978 im „Alpinstil", also ohne Sauerstoff, zusammen mit Reinhold Messner.

WIPPTAL - BLICK RICHTUNG WESTEN

Gezeichnet von Alfred Brötz, mit Blick von Osten auf die Westseite des Wipptals.

DAS TOR IN DEN SÜDEN

Das Wipptal verläuft von Innsbruck im Norden bis Brixen im Süden. Die Grenze zwischen Tirol und Südtirol markiert der Brennerpass. Die Ländergrenze ist nicht die einzige Besonderheit dieses Tals, auch hydrografisch ist es keine Einheit: In Richtung Norden entwässert die Sill in den Inn, in Richtung Süden fließt der Eisack und ist damit die Hauptwasserscheide zwischen der Adria und dem Schwarzen Meer. Westlich des Brenners am Alpenhauptkamm entlang tut sich auch ein geologisches Spezifikum auf: der Pflerscher Tribulaun. Wie der Name Tribulaun schon vermuten lässt, gibt es drei verschiedene „Tribulaune" nebeneinander, die zwischen 2.780 und 3.097 Metern hoch sind: der Gschnitzer, Pflerscher und Obernberger Tribulaun. Zwei der Gipfel befinden sich im Nordtiroler Wipptal. Der Pflerscher Tribulaun mit seinen felsigen Flanken und dem markanten Gipfelspalt aus Dolomitgestein galt nach einigen erfolglosen Versuchen englischer und schweizerischer Bergsteiger bis in das späte 19. Jahrhundert als unbezwingbar. Das Gestein Dolomit wurde von Déodat de Dolomieu übrigens nicht in den nach ihm benannten Dolomiten, sondern hier in der Tribulaungruppe entdeckt. Die Gipfel der Tribulaune gehören geologisch wie die ebenfalls auf einem kristallinen Sockel sitzenden Kalkgipfel der Serles und der Kalkkögel im Stubaital zum sogenannten Brennermesozoikum.

Die geologische Vielfalt macht das Wipptal neben dem Inntal zur zweiten großen tektonischen Störungszone in Nordtirol und teilt die Tiroler Zentralalpen in einen westlichen und östlichen Teil. Innsbruck, wo Wipp- und Inntal zusammentreffen, bildet eine Art „geologischen Verkehrsknotenpunkt". Das Aufeinandertreffen der alpinen Einheiten im Raum von Innsbruck hat bereits mehrmals zu Erdbeben geführt.

← Das Foto von Fabian Künzel (†), aufgenommen von der Serles, schaut Richtung Westen, also ins Stubaital.

VORDERES ZILLERTAL - BLICK RICHTUNG OSTEN

Das Panorama gezeichnet von Alfred Brötz mit Blick Richtung Kitzbüheler Alpen.

DIE ZILLERTALER ALPEN

Die Zillertaler Alpen sind ein Teil des Tauernfensters und eine kleine geologische Sensation: Denn die Berge sind aus Gesteinsschichten gebildet, die sonst in den Alpen nur in der Tiefe vorkommen. Dieses Urgestein wurde im Zuge der alpidischen Gebirgsbildung durch Kalkschichten nach oben gedrückt – ein Fenster in die zig Millionen alte Erdgeschichte und eine Grenze zwischen den Nördlichen Kalkalpen und den Dolomiten/Südlichen Kalkalpen. Im Zentrum dieses geologischen Fensters liegen vier massive Gneiskerne. Sie sind mitunter aus flüssigem Magma entstanden, das als Granit erstarrt ist. Über diesen Kernen liegen Schieferhüllen, die durch die alpidische Metamorphose mit hohen Temperaturen und Druck im Erdinneren entstanden sind. Dieser Aufbau bildet auch in den Zillertaler Alpen die höchsten Gipfel – wie etwa den von Gletschern ummantelten Hochfeiler mit über 3.500 Metern.

Die Zillertaler Alpen wurden schon früh besiedelt. In der Steinzeit wurde das Gebiet nicht nur für die Jagd genutzt, man baute auch Bergkristall ab, der als hochwertiges Tauschgut galt. Außerdem schlugen die Menschen der Steinzeit Klingen, Pfeilspitzen und Werkzeuge aus dem Quarz. Am Pfitscher Joch wurde außerdem Feuerstein vom Gardasee entdeckt, der beweist, dass es schon vor 9.000 Jahren einen Austausch zwischen

dem Nord- und Südteil der Zillertaler Alpen gab. Heute liegt hier der Hochgebirgs-Naturpark Zillertaler Alpen, der sich von Mayrhofen südwärts in zehn verschiedene Seitentäler auffächert.

Mit einer Fläche von 422 Quadratkilometern, 85 Gletschern und etlichen 3.000ern ist die Naturpark-Region ein wichtiger Beitrag zum Naturschutz.

← Wo sich das Zillertal und das Inntal treffen öffnet sich der Blick Richtung zum Wilden Kaiser im Osten. Bild von Thomas Kargl.

VORDERES ZILLERTAL - BLICK RICHTUNG WESTEN

Das Panorama gezeichnet von Alfred Brötz mit Blick dem Inntal entlang Richtung Westen.

DER STRUKTUR-WANDEL

Im Vorderen Zillertal kann der moderne Strukturwandel am „oberen Höhenstockwerk" der alpinen Kulturlandschaft – die Almstufe – durch den Menschen gut beobachtet werden: Über Hunderte von Jahren rodeten die Bauern hier die Berghänge rund um die subalpine Höhenstufe an der Waldgrenze, um an mehr Weidefläche zu kommen. Auch im Wald selbst sammelte und schlug man Holz für den Eigenbedarf, Laub und Nadeln der Bäume landeten als Einstreu im Stall. Die Folge davon sind eine niedrige Waldgrenze und ausgedehnte Weideflächen. Der fehlende Schutzwald und die ausgedehnten Almwiesen erhöhten allerdings auch das Risiko von Lawinen und Muren. Nach einem schweren Lawinenwinter 1951 entschlossen die zuständigen Stellen das Gebiet von über 200 Quadratkilometern so zu sanieren, dass die Gefahr von Katastrophen entscheidend verringert wurde. In dieser Hinsicht wurde das Vordere Zillertal so zur „Modellregion" für andere alpine Regionen mit denselben menschengemachten Problemen.

DAS GLEICHSOHLIGE TAL

Das breite Zillertal, mit seinem gesamten Einzugsgebiet größtes und bevölkerungsreichstes Seitental des Inns, mündet bei Strass gleichsohlig – also eben – von Süden kommend in das Inntal. Das Tal trennt die Tuxer Alpen im Westen von den Kitzbüheler Alpen im Osten. Im Süden, an der Grenze zu Südtirol, liegen die Zillertaler Alpen mit dem Zillertaler Hauptkamm. In Mayrhofen zweigt es sich in die als „Gründe" bezeichneten Hochtäler auf.

Das eben abschließende Zillertal und das Inntal. (Bildquelle: Frank Krautschick über stock.adobe.com)

WILDER KAISER UND KITZBÜHELER ALPEN

↑ Im Vordergrund der Wilde Kaiser mit den Kitzbüheler Alpen im Hintergrund. Panorama gezeichnet von Alfred Brötz.

VON PONOREN UND FILMKULISSEN

Die felsigen Kalkalpen des Kaisergebirges im Norden grenzen an die sanften Grasberge der Kitzbüheler Alpen im Süden. Nördlich erstreckt sich das markante Massiv des „Wilden Kaisers". Diesem vorgelagert ist der „Zahme Kaiser" und südöstlich davon der „Niederkaiser". Bis zu 1.000 Meter mächtig türmt sich der Wettersteinkalk auf, ein Überbleibsel vom Tethyssee, der vor etwa 220 bis 195 Millionen Jahren das Gebiet bedeckte. Eine typische Karsterscheinung der Kalkalpen sind die Ponoren, auch Schlucklöcher genannt. Dabei handelt es sich um eine Öffnung an der Geländeoberfläche, durch die stehendes oder fließendes Gewässer ab- und unterirdisch weiterfließt.

Im Gegensatz zu den schroffen Felsformationen des Kaisergebirges zeichnen sich die Kitzbüheler Alpen durch hauptsächlich grüne Almwiesen und sanfte Übergänge zwischen den Gipfeln aus. Der Gebirgszug gehört zur Grauwackenzone, die hauptsächlich aus Phylliten und Schiefer aufgebaut ist. Dazwischen befinden sich Kalkstein und Dolomit, weshalb Gipfel wie der größtenteils daraus bestehende Große Rettenstein auffallend aus der sonst eher hügeligen Landschaft emporragen. Die Naturkulisse der Kitzbüheler Alpen wurde bereits früh für die Filmindustrie entdeckt. Der erste Film wurde bereits 1906 in der Region gedreht. Neben heimischen Produktionen wie „Der Bergdoktor" oder „Soko Kitzbühel" diente die Region auch als Kulisse internationaler Streifen sowie für diverse indische Bollywood-Filme.

DAS NATURSCHUTZGEBIET KAISERGEBIRGE

Sämtliche Gipfel des Zahmen und des Wilden Kaisers bilden das 102 Quadratkilometer große Naturschutzgebiet Kaisergebirge, das 1963 gegründet wurde. Durch seine verschiedenen Expositionen und Höhenlagen treffen in dieser Region verschiedene Waldgesellschaften aufeinander. Vom nordalpinen Fichten-Tannenwald bis zu Bergahorn-Eschen-Wäldern und Buchenpopulationen finden sich verschiedenste Baumgruppen vor. Das Naturschutzgebiet ist zudem Heimat zahlreicher Orchideenarten wie z. B. Gelber Frauenschuh, Waldhyazinthe und Sumpf-Stendelwurz. Alpine teils seltene Tierarten wie beispielsweise Rötelmaus, Hermelin und Schneehase oder der Smaragdgrüne Regenwurm finden hier ein Zuhause. Eine echte Besonderheit ist, dass das Naturschutzgebiet Kaisergebirge die Heimat des Feuersalamanders und des Alpensalamanders ist.

Foto von Thomas Kargl vom Wilden Kaiser. Aufgenommen von Norden (Pyramidenspitze) mit Blick Richtung Süden.

SAALBACH - HINTERGLEMM

Gezeichnet von Alfred Brötz, mit Blick vom Zeller See im Süden nach Norden.

AUSLÄUFER DER GRAUWACKENZONE

Eigentlich ist Saalbach-Hinterglemm eine Gemeinde im Salzburger Pinzgau. Der Name wird allerdings oft mit der Region gleichgesetzt, in der sich die beiden Orte befinden – das Glemmtal. Dabei wird das rund 30 Kilometer lange Tal ins westlich gelegene Hinterglemmtal und östlich gelegene Vorderglemmtal aufgeteilt. Entlang des Tales fließt die Saalach, der zweitgrößte Fluss des Salzburger Landes. Geologisch gesehen gehört das Glemmtal noch zur Grauwackenzone: Schiefer, Marmor und Phylit sind vorherrschendes Gestein – sanfte abfallende grüne Bergkuppen prägen die Landschaft und sind deswegen sehr gut für den Wintersport geeignet

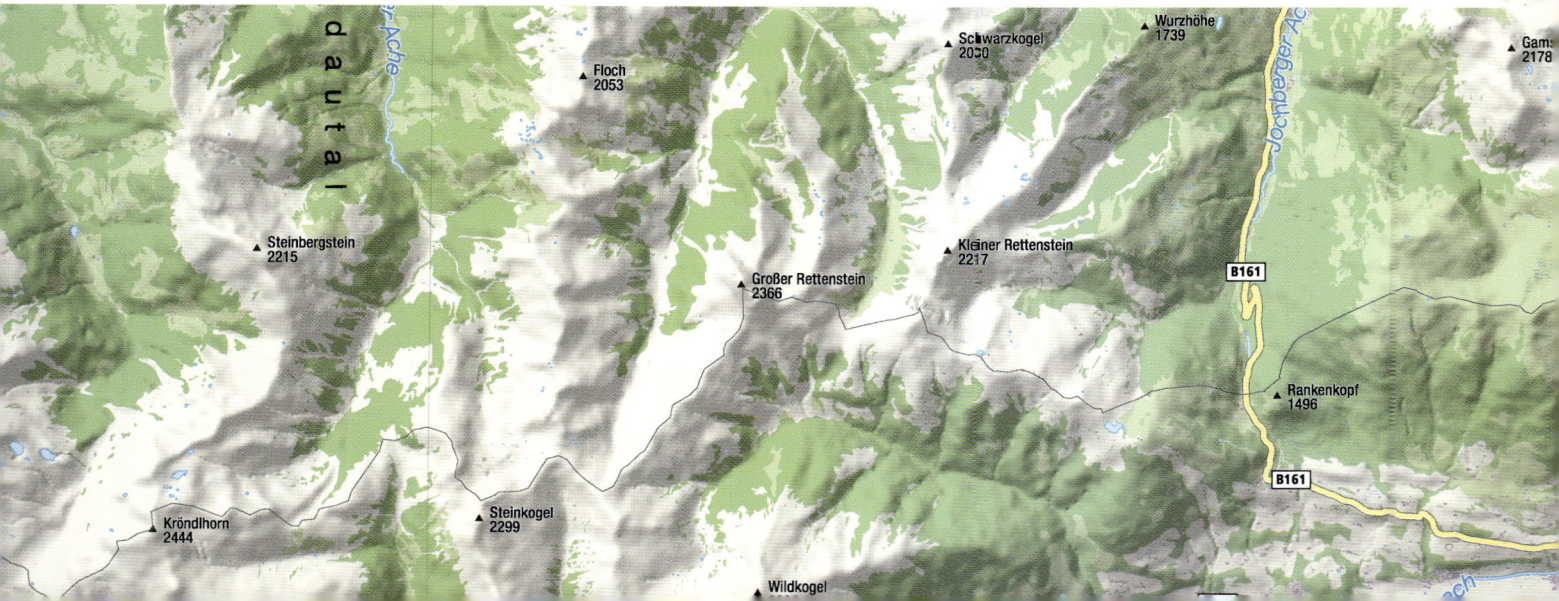

ENTLANG DER SAALACH

Noch auf Tiroler Gebiet entspringt am Talschluss des Glemmtals die Saalach. Sie fließt vom Torsee ab und wird die ersten 10 Kilometer noch „Saalbach" genannt. Auf ihrem Weg in Richtung Maishofen am Taleingang fließen immer wieder einige Gebirgsbäche hinzu, die den Flusslauf stärken. Ab Hinterglemm öffnet sich der Talboden und wird weitläufiger. Der Saalbach wird nun Saalach genannt und sucht sich ihren Weg in Richtung Norden. Westlich von Saalfelden am Steinernen Meer fließt der Fluss durch den nördlichen Mitterpinzgau nach Bad Reichenhall in Bayern. Als Grenzfluss zwischen Deutschland und Österreich mündet sie schließlich nach 83 Kilometern in Salzburg in die Salzach.

Der Torsee zwischen Saalbach-Hinterglemm und Aurach bei Kitzbühel. Foto aufgenommen von Thomas Kargl.

ZELL AM SEE MIT DEM KITZSTEINHORN

E–KAPRUN

Gezeichnet von Alfred Brötz. Der Blick auf den See ist von Osten Richtung Westen.

ZELL AM SEE

Geografisch wird der Pinzgau (auch Bezirk Zell am See genannt) im Norden vom Steinernen Meer, im Westen von den Kitzbüheler Alpen und im Süden von den Hohen Tauern begrenzt.

Das Kitzsteinhorn ist mit seinen 3.203 Metern Höhe Teil der in den Hohen Tauern gelegenen Glocknergruppe.

← Das Kitzsteinhorn aufgenommen von Thomas Kargl aus dem Salzachtal südlich von Zell am See.

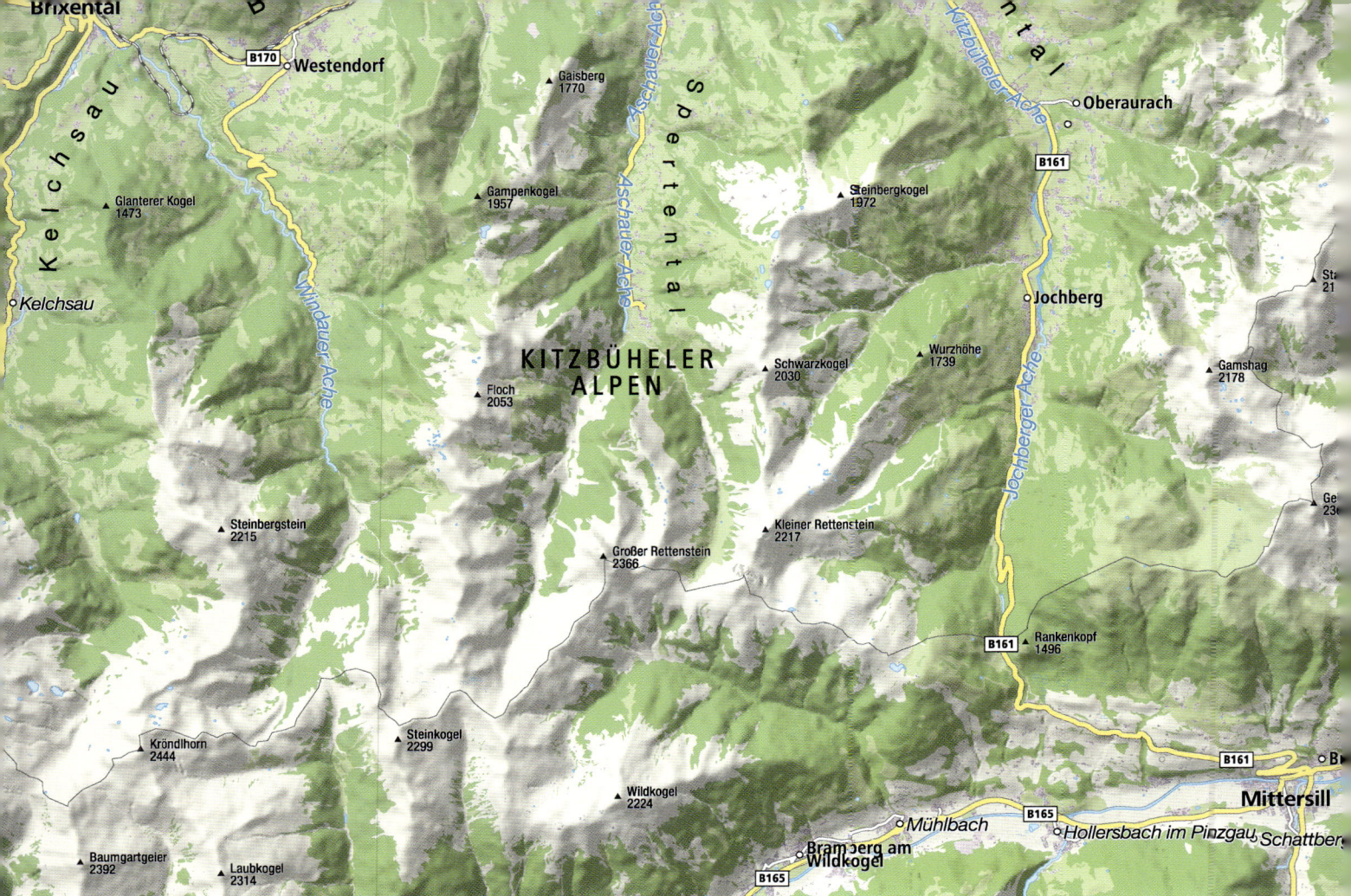

DER FELSPERMAFROST

Das Kitzsteinhorn-Massiv ist ein beliebtes Skigebiet im Gemeindegebiet von Kaprun. Geomorphologisch von Bedeutung ist der Berg mit einer Gipfelhöhe von 3.203 Metern vor allem durch seinen Permafrost und deshalb Teil eines umfassenden Forschungsprojekts. Im Allgemeinen versteht man unter Permafrost dauerhaft gefrorene Böden, deren Temperatur mindestens zwei Jahre lang 0 Grad nicht überschreiten darf. Ungefähr 25 Prozent der Erdoberfläche der Nordhemisphäre wird von Permafrost-Regionen bedeckt. Enorme Mengen von Kohlenstoff sind darin gespeichert. Permafrost kann aber auch in Felsen bzw. Felsritzen heimischer Berge auftreten; so auch im Kitzsteinhorn. Durch die Folgen der Klimaerwärmung und das damit verursachte Auftauen des Permafrosts schwinden nicht nur Gletscher, auch die Gefahr von Naturkatastrophen wie zum Beispiel von Felsstürzen könnten zum Problem werden. Die Zunahme von Steinschlägen und Felsstürzen im Hochgebirge wird oft in Permafrost-Bereichen registriert, da das Eis, das die Felsen zusammenhält, auftaut. Um die Felsstabilität des Kitzsteinhorns im Auge zu behalten, wird mittels Sonden die Bodentemperatur bis zu einer Tiefe von 30 Metern ständig gemessen. Durch das aufwendige Monitoring erwartet sich die Forschung Daten und Informationen, um die Gefahren von Steinschlägen und Felsstürzen besser abschätzen zu können.

SAALFELDEN

Gezeichnet von Alfred Brötz. Saalfelden in der Mitte mit Blick Richtung Norden und den Berchtesgadener Kalkalpen im Hintergrund.

DAS STEINERNE MEER

Wer mit dem Zug von Salzburg über Zell am See nach Innsbruck fährt braucht zwar etwas länger, hat aber einen atemberaubenden Ausblick. Mit seiner stark verkarsteten und fast vegetationslosen Erscheinung ist das Steinerne Meer der größte Gebirgsstock der Berchtesgadener Alpen. Wobei sein bayerischer Teil zum Nationalpark Berchtesgaden gehört, während die österreichische Seite zum Naturschutzgebiet Kalkhochalpen zählt. Dachsteinkalk bestimmt das Aussehen des imposanten Massivs, das durch seine steinig aussehende Wellen-Optik zu seinem Namen gekommen ist. Es ist überwiegend aus Sedimenten der Trias aufgebaut und wird fast ausschließlich unterirdisch entwässert, wobei ein Teil der Niederschläge gegen Norden zum Königssee abfließt und im Süden zum Saalachtal. Geologisch von Bedeutung ist auch sein Höhlensystem.

Foto aufgenommen nördlich von Saalfelden mit Blick Richtung Norden von Thomas Kargl. Die Bahntrasse führt vorbei an den Kitzbüheler Alpen und dem Steinernen von Leogang und Lofer

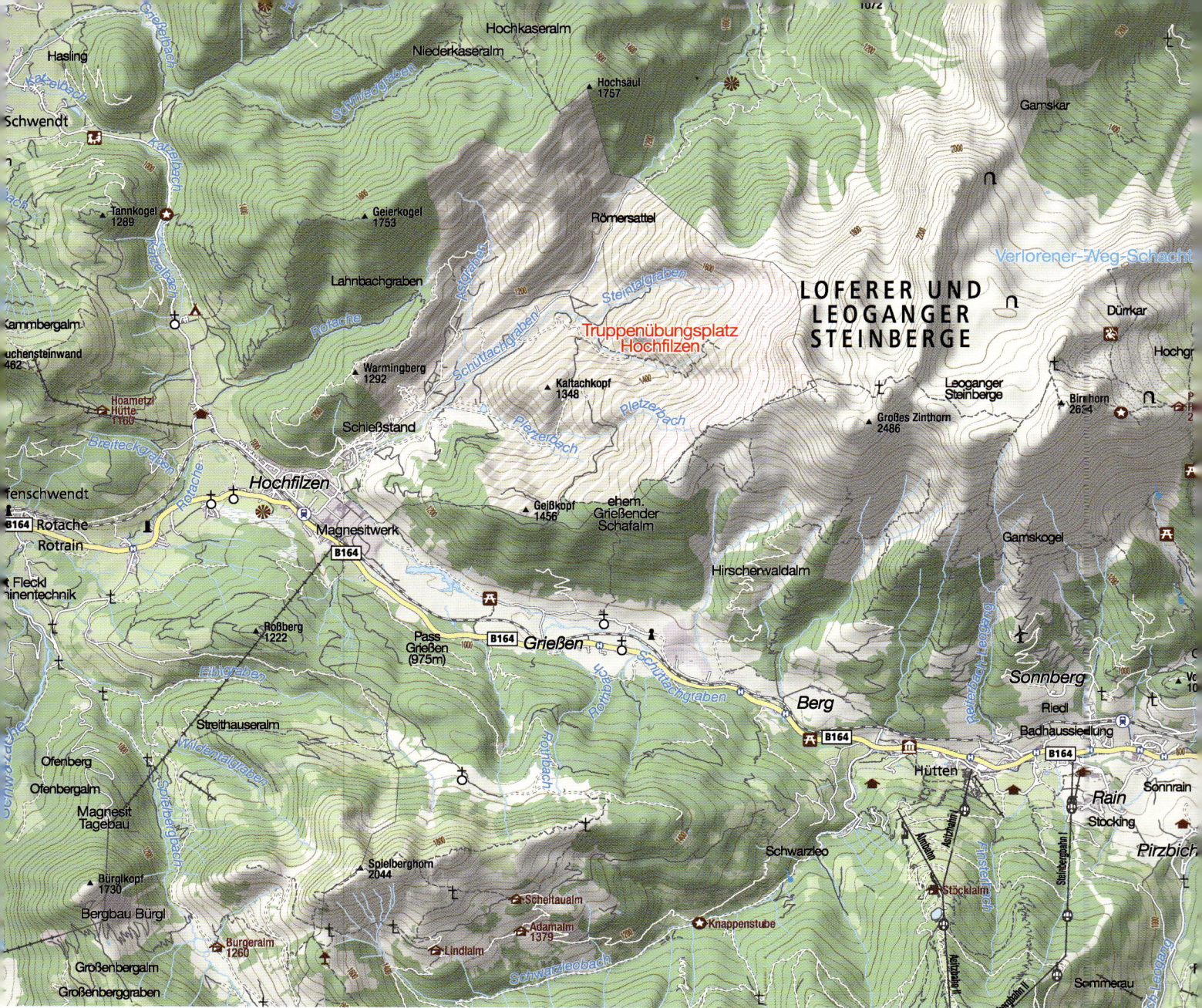

Darunter fällt vor allem das Kolkbläser-Monsterhöhle-System, dessen 20 Meter großer Eingang unter dem Gipfel des Schindelkopfs liegt. Es handelt sich um ein schwer begehbares Riesensystem von 44,5 Kilometern Länge und 723 Metern Tiefe, das unter den Randgipfeln in den Südabstürzen des Steinernen Meeres liegt. Das System von 9 Gängen erstreckt sich auf einer Fläche von nur circa 1,5 Quadratkilometern. Im Bereich der Salzburger Kalkalpen werden die Relikte der ehemals riesigen Flusshöhlensysteme als Ruinenhöhlenetage bezeichnet. Sie ist ungefähr 20 Mio. Jahre alt, wobei die ältesten Teile des Höhlensystems sogar noch vor Hebung der Alpen entstanden und schon seit Millionen von Jahren frei von Wasser sind.

VENEDIGERGRUPPE IM OBERPINZGAU

Auf dem Panorama von Alfred Brötz sieht man sowohl die Glockner- als auch die Venedigergruppe von Norden aus.

DAS GLETSCHERPARADIES

Die Venedigergruppe ist die am stärksten vergletscherte Gruppe der Hohen Tauern in den zentralen Ostalpen.
Der höchste Gipfel ist mit 3.657 Höhenmetern der namensgebende Großvenediger.

Wesentliche Teile der Venedigergruppe auf österreichischer Seite gehören zur Kernzone des Nationalparks Hohe Tauern, auf italienischer Seite zum Naturpark Rieserferner-Ahrn.

DIE GLETSCHERSCHMELZE

In der Venedigergruppe werden österreichweit jährlich mit einem durchschnittlichen Minus von 22,7 Metern die stärksten Rückgänge der Gletscher registriert. Der letzte Gletschervorstoß, also das letzte Wachstum des Eises, datiert auf die 1930er Jahre. Seit 1965 schmelzen alle großen Gletscher in den Alpen in unterschiedlich stark ausgeprägtem Maß. Betrug die Gletscherfläche auf dem Gebiet des heutigen Österreich vor 170 Jahren noch rund 950 Quadratkilometer, ist sie heute auf knapp 300 Quadratkilometer geschrumpft, hat also über zwei Drittel seiner Fläche verloren. In Volumen gerechnet hat das ewige Eis noch drastischere Einbußen erlitten: Die heutigen Gletscher haben nur mehr etwa 20 Prozent des Eisvolumens, das sie im Jahr 1850 hatten. Das wirkt sich nicht nur regional aus. Die Gletscher erfüllen weitere wichtige Aufgaben. Schmelzen sie, sinkt auch der sogenannte Eis-Albedo-Effekt, der der Erde wie ein Sonnenschirm gegen die Hitze hilft. Das Eis reflektiert zwischen 85 und 90 Prozent des Sonnenlichts. So kann sich die Umgebung weniger schnell erwärmen als auf Licht absorbierende dunklere Flächen – das Meer, aber auch Wälder reflektieren im Vergleich nur zehn Prozent. Die großen Gletscherflächen der Alpen wirken also wie ein Kühlschrank auf ihre Umgebung.

Blick vom Habachtal auf das überschneite Habachkees im Süden, dahinter liegt der Großvenediger. Foto von Thomas Karol

GASTEINERTAL

DAS HEILWASSER

Es war die Suche nach Gold, die im 17. Jahrhundert tiefe Stollen in die Gasteiner Bergwelt trieb. Bis zu zehn Prozent der Gold-Weltproduktion kamen damals aus dem Tal. Gefunden wurde aber auch ein mit Radon angereicherter, schmerzlindernder Wasserdampf, das wahre „Tauerngold". Geologisch gesehen haben Edelmetall und -gas einen ähnlichen Ursprung. Vor zig Millionen Jahren herrschte am Talschluss des heutigen Gasteinertals eine Art geologisches Chaos. Gesteinsplatten wurden in die Tiefe gedrückt, regelrecht zerrissen, aufgebrochen und zusammengefaltet – alles im Zuge der alpidischen Gebirgsbildung. Durch Ritze und Spalten gelangen enorme Mengen an Schmelzwasser der eiszeitlichen Gletscher in den Berg und lösen Spurenelemente aus dem Gestein – unter anderem auch Radium. Im Wasser zerfällt das Radium zu Radon, dem Edelgas. Durch den hohen Druck in den Tiefen der Erde wird das Wasser erhitzt. Und da warmes Wasser physikalisch leichter ist als kaltes, tritt es an circa 80 Austrittsstellen mit bis zu 46 Grad in und rund um Bad Gastein wieder an die Oberfläche, wo es in den Heilstollen heute noch genutzt wird.

DER GASTEINER WASSERFALL

Der Wasserfall ist seit jeher das Wahrzeichen von Bad Gastein. Bestehend aus drei Kaskaden mit einer Fallhöhe von 341 Metern bahnt sich hier die Gasteiner Ache durch die schmale Felsschlucht. Ein wenig unterhalb der Brücke, die die Ortschaft verbindet, befindet sich auch eine der ergiebigsten Thermalwasserquellen. Die Elisabeth-Quelle fördert täglich 2.518 Kubikmeter Wasser. Vermutlich wurde das Thermalwasser schon in frühgeschichtlicher Zeit in einfachen Becken genutzt. Im 19. Jahrhundert beziehungsweise zur Zeit der sogenannten Belle Èpoque Anfang des 20. Jahrhunderts nahm das Kurwesen mit einigen berühmten Gästen wie Kaiserin Sisi Fahrt auf. Mit dem Bau der Thermalwasserleitung von Bad Gastein nach Bad Hofgastein manifestierte Kaiser Franz Joseph I. endgültig den Kurtourismus im Tal, der bis heute Bestand hat.

Der bekannte Wasserfall in Bad Gastein. (Bildquelle: dudlajzov über stock.adobe.com)

SALZKAMMERGUT

Das Salzkammergut-Panorama gezeichnet von Nord nach Süd für KOMPASS.

Der Attersee im Vordergrund und der Dachstein im Hintergrund.

DAS VIELE SALZ

Der Name kommt nicht von ungefähr: Vor mehr als 250 Millionen Jahren hat sich Salz durch die Bildung von Barren, also Erhebungen des Meeresbodens, an Land abgelagert. Auf diese Weise gelangte das Salz, das heute in fast jedem mitteleuropäischen Haushalt genutzt wird, in die Berge des Salzkammerguts. Einst lag das Salzkammergut unter dem Meer, das durch das Zerbrechen des Riesenkontinents Pangäa enstand. Das Tethysmeer erstreckte sich zwischen den neu entstandenen Kontinenten von den Pyrenäen über die Alpen, Karpaten und den Himalaya bis Neuguinea. Im Laufe von weiteren Hunderten Millionen Jahren hob und senkte sich der Meeresboden, es entstanden sogenannte Barren – Untiefen, die später zu Becken wurden, in denen sich Salzwasser sammelte. Mit der Zeit verdunstete das Wasser, Sand- und Tonschichten überlagerten das übrig gebliebene Salz. Vor etwa 240 Millionen Jahren wurde das Gebiet des heutigen Salzkammerguts noch einmal vom Meer überflutet. Es lagerten sich Kalk- und Dolomit-Schichten ab. Am Ende des Erdmittelalters, also vor etwa 60 Millionen Jahren, falteten sich die Gesteinsschichten durch die alpidische Gebirgsbildung. Die weichen Salzschichten im Inneren wurden dabei gepresst, gekippt, gefaltet und zerbrochen. Andere Gesteinsschichten überlagerten die Salzablagerungen oder durchmischten sich mit ihnen. Im Salzkammergut liegen diese Salzschichten heute aber sehr nahe an der Oberfläche, was den Abbau leichter macht. Das schätzten schon die Kelten vor knapp 3.000 Jahren.

DER TRAUNSEE

Der Traungletscher schürfte schon in der ältesten Eiszeit ein Becken aus. Im Laufe der verschiedenen Eiszeiten entstand durch die immer wiederkehrenden Gletscher ein steilwandiges Trogtal. Durch das Wasser, das am Boden der Gletscher abfloss, kam es zu einer sogenannten Tiefenerosion; immer tiefer grub sich das Wasser in das Tal.

Als sich das Eis zurückzog, füllte sich dieses mit Wasser, es entstand der Traunsee, der heute mit über 190 Metern der tiefste See Österreichs ist.

Der Traunsee mit dem Traunstein, fotografiert von Thomas Kargl.

WOLFGANGSEE

EIN SEE ZWEI NAMEN

Mit seinen rund 13 Quadratkilometern Grundfläche gehört der Wolfgangsee zu den größten Seen des Salzkammerguts. Bei diesem Gewässer handelt es sich um einen typischen Alpenrandsee, der den Tälern der Region vorgelagert ist, aus denen einst die Gletscher in

das Alpenvorland flossen. Das Becken des heutigen Wolfgangsees schürfte der Traungletscher aus. Mit Wasser versorgt wird der See durch den Zinkenbach, der von der Osterhorngruppe kommend hineinfließt. Bei Starkregen und Hochwasser verwandelt sich der kleine Fluss schnell in einen Sturzbach, der viel Geschiebe mit sich trägt, das letztendlich im rund 3,5 Quadratkilometer großen Mündungsgebiet des Baches im See liegen bleibt. Durch dieses Phänomen entstanden im Laufe der Zeit zwei Seebecken, die durch eine nur mehr 200 Meter breite und 20 Meter tiefe Passage miteinander verbunden sind. Sein sauberes Wasser bietet dem Perlfisch eine Heimat, der schon fast ausgestorben ist. Der Karpfenfisch wurde auch lange als Maifisch bezeichnet, denn im Frühsommer verlässt er die Tiefen des Sees, um in den Uferregionen zu laichen.

← Der Wolfgangsee, heute durch Schifffahrt und Straßen erschlossen, war vor 100 Jahren Destination einer eigenen Wasserflugzeug-Linie, die von St. Wolfgang aus Linz und Wien anflog, um wohlbetuchte Reisende an den See zu bringen. Foto von Thomas Kargl.

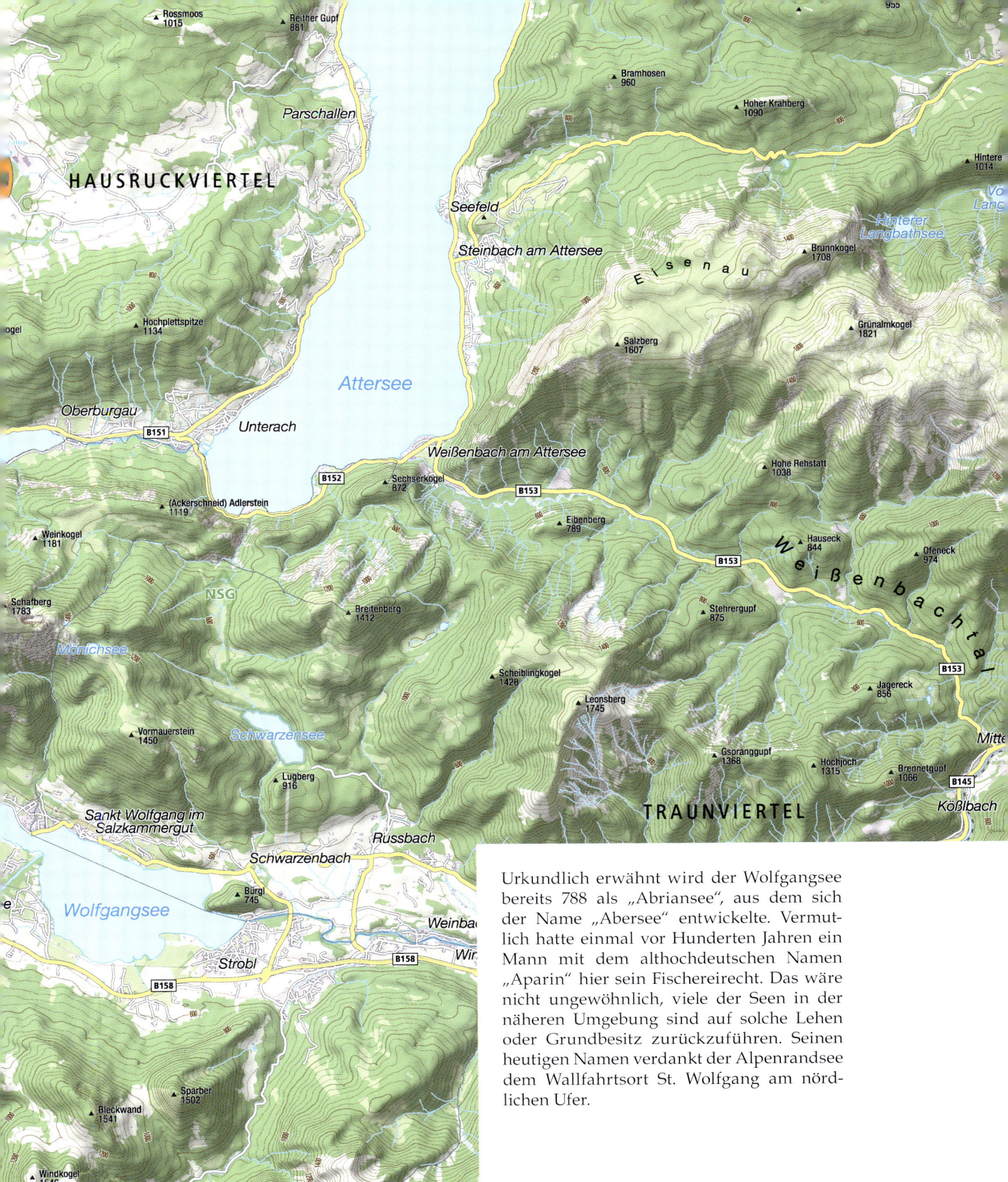

Urkundlich erwähnt wird der Wolfgangsee bereits 788 als „Abriansee", aus dem sich der Name „Abersee" entwickelte. Vermutlich hatte einmal vor Hunderten Jahren ein Mann mit dem althochdeutschen Namen „Aparin" hier sein Fischereirecht. Das wäre nicht ungewöhnlich, viele der Seen in der näheren Umgebung sind auf solche Lehen oder Grundbesitz zurückzuführen. Seinen heutigen Namen verdankt der Alpenrandsee dem Wallfahrtsort St. Wolfgang am nördlichen Ufer.

DER DACHSTEIN

DAS DACHSTEIN-GEBIRGE

Mit 2.995 Metern über dem Meeresspiegel ist der Hohe Dachstein die höchste Erhebung des Dachsteingebirges. Das Karstplateau hat einen hochgebirgs- und mittelgebirgsähnlichen Charakter. Der Name „Karst" leitet sich von der Landschaft „Kras" in Slowenien ab; ein wasserarmes Gebiet, das durch Lösungs- und Kohlensäureverwitterung entstanden ist.

Vereinfacht ausgedrückt löst Wasser im Karbonatgestein bestimmte Mineralien und verändert so das Relief. Unterirdisch entstehen oft weit verzweigte Höhlensysteme, so auch die Dachstein-Eishöhle. Auch sonst ist der Dachstein mit seinen kargen und schroffen Gebirgszügen ein typisches Karstgebiet; Karrenfelder und Dolinen prägen das Landschaftsbild.

TIEFE GLETSCHEREBENEN

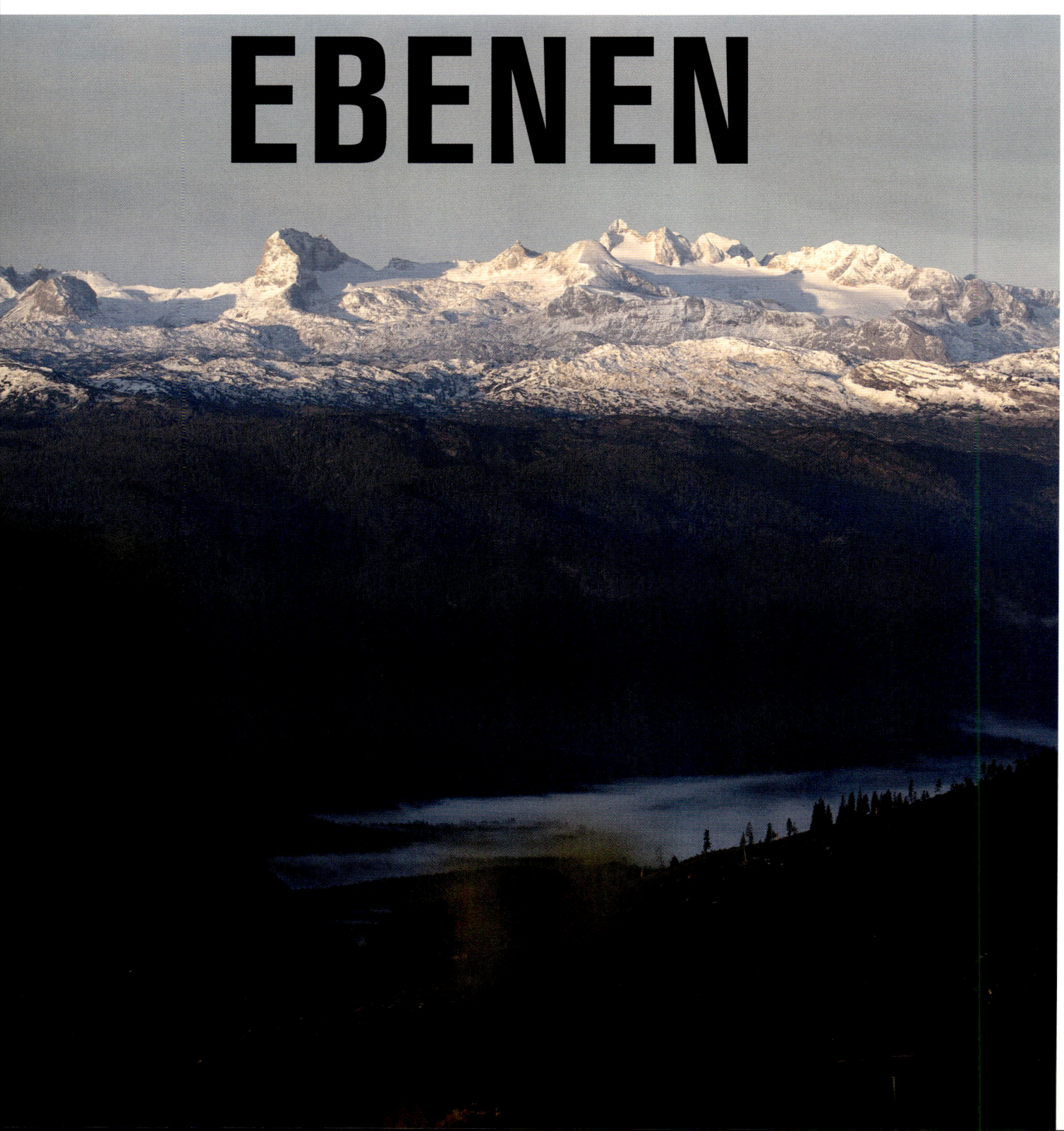

Der Blick auf den Dachstein von der Tauplitzalm. Beide Fotos von Thomas Kargl.

Während der Eiszeiten war das Dachsteingebirge immer vergletschert. Der Traungletscher schürfte die Becken für den Hallstätter See und den Traunsee aus. Heute befindet sich im Gebirgsmassiv die östlichste und tiefstgelegene Gletschergruppe der Nordalpen. Während der Schneelochgletscher, Kleiner Gosaugletscher und Nördlicher Torsteingletscher noch bis heute aktive Fließbewegungen und Spaltenbildungen aufweisen, sind beim Südlichen Torsteingletscher und Edelgrießgletscher keine Aktivitäten mehr bemerkbar. Sie werden deshalb als Firnfelder oder Toteis bezeichnet.

Das Foto wurde von der gegenüberliegenden Seite aufgenommen und zeigt den Dachstein.

KÄRNTEN

Das Kärnten-Panorama mit Blick von Süd nach Nord wurde von W. Sporer gezeichnet.

DIE TEMPERATUR-UMKEHR

Die Klagenfurter Beckenlandschaft ist das größte inneralpine Einbruchsbecken der Ostalpen und wird rundherum von Bergen umschlossen. So kann sich im Winter hier feuchte, nebelanfällige Luft besonders gut und lange halten. Eine sogenannte Inversionswetterlage entsteht – die oberen Luftschichten sind wärmer als die unteren. Das führt zu einer Ansammlung von Kaltluftblasen, da die Luft nicht mehr zirkulieren kann.

DIE PASTERZE

Die Länder Tirol und Kärnten teilen sich mit dem Gipfel des Großglockners den höchsten Berg Österreichs. Knapp 3.800 Meter ist die markante Spitze aus Gesteinen der Grünschieferfazies hoch. Die Pasterze – mit 8 Kilometern der längste Gletscher der Ostalpen, liegt ganz auf Kärntner Gebiet.

Auf ein wenig über 3.400 Metern befindet sich der Pasterzenboden, das Nährgebiet des Gletschers. Hier sollte sich Jahr für Jahr der Schnee sammeln, der sich sukzessive in Gletschereis verwandelt. Nach einer Höhenstufe beginnt der eigentliche Gletscher, der unterste Punkt des Gletschers liegt auf 2.100 Metern. Seine Zunge endet kurz vor dem Sandersee, ein postglaziales Zungenbecken, der in den späten 1950ern entstand. Ohne eine nennenswerte Schneedecke hat das dunklere blankgefegte Gletschereis der Sommersonne kaum etwas entgegenzusetzen. In den heißen Monaten verlieren ungeschützte Gletscher zehn bis 20 Zentimeter Eis pro Tag, bei der Pasterze sind es seit circa 10 Jahren rund 50 Meter im Jahr. Tiefer liegende Bereiche wie die Gletscherzunge werden durch den fehlenden Nachschub nur mehr schwach mit den hoch gelegenen Abschnitten der Pasterze verbunden. Sollten sich die Bedingungen nicht ändern, könnte die Gletscherzunge völlig abreißen und der Gletscher so mehr oder weniger in zwei Teile auseinanderfallen.

← Bald könnte die größte Gletscherzunge vom Zustrom abgeschnitten werden. Die Pasterze aufgenommen von Thoma Vielgut.

WEISSENSEE

DER WEISSENSEE

Der Weißensee am Fuße der Gailtaler Alpen liegt auf einer Seehöhe von circa 930 Metern und ist somit der höchstgelegene Badesee in Kärnten. Er hat eine Fläche von rund 6,5 Quadratkilometer, ist 11,6 Kilometer lang und bis zu 99 Meter tief. Seine breiteste Stelle misst ungefähr 900 Meter. Er wird von mehreren unterirdischen Quellen gespeist, hat im Westen zwei wasserführende Zuflüsse und wird am Ostufer über den Weißenbach zur Drau hin entwässert.

EIN NATURJUWEL

Die von Westen nach Ostern verlaufende Talfurche des Weißensees wurde während der Würmeiszeit von einem Seitenast des Draugletschers ausgeschürft. Das Einzugsgebiet besteht aus Kalk-, Dolomit- und mergeligen Gesteinsserien der Trias. Im nördlichen Abschnitt des heutigen Ostufers befand sich einst ein Bach, der nach der Würmeiszeit Material mit ins Tal trug und über die Jahrtausende eine natürliche Talsperre bildete. Hinter dieser hat sich über

die Jahre das Wasser so lange aufgestaut, bis der Weißensee entstand. Die auffällig weißen Seekreidebänke, die den See umrahmen und ihm den Namen gegeben haben, sind durch eingeschwemmte Kalkpartikel aus den umliegenden Bergen der Kalkalpen entstanden. Über zwei Drittel des Seeufers ist naturbelassen. Im Süden und im Norden wird der See durch steil abfallende, bewaldete Hänge begrenzt, deren Steilheit sich unter Wasser fortsetzt. Der westlichste Bereich des Weißensees umfasst das seichte Gatschacher Becken. Es reicht bis zur schmalsten Stelle des Sees. Das Becken ist nur fünf Meter tief und hat eine Fläche von ca. 77 Hektar. Von hier aus wird der See Richtung Osten immer tiefer. Die Farbe des Sees wechselt von smaragdgrün bis türkisblau und erreicht ungewöhnlich warme Temperaturen von bis zu 24 Grad. Aufgrund seiner Durchmischungstiefe gilt er als meromiktisches, also stehendes Gewässer, in dem die vertikale Wasserzirkulation nicht über das ganze Tiefenprofil stattfindet.

← Luftaufnahme vom Weißensee, aufgenommen von Daniel Fischer.

LIENZ - OSTTIROL

Das Panorama wurde gezeichnet von Alfred Brötz mit Blick Richtung Norden.

LIENZ OSTTIROL

Der Bezirk Lienz mit seiner gleichnamigen Hauptstadt ist flächenmäßig der größte Bezirk Tirols. Seine nunmehr geografische Besonderheit ist, dass er seit der Angliederung Südtirols an Italien nach dem Ersten Weltkrieg keine direkte Verbindung hat mit Nordtirol. Der Bau des Felbertauerntunnels um 1967 hat deutlich zur wirtschaftlichen Verbesserung im Land beigetragen, weil der Bezirk zugänglicher wurde. Die Drau und Isel sind die Hauptflüsse des Bezirks, der in der Gegend des heutigen Dölsach mit der Siedlung Aguntum im 1. Jahrhundert nach Christus von den Römern bewohnt war. Durch einen großen Anteil an den Hohen Tauern, den Gailtaler Alpen (mit den Lienzer Dolomiten in der westlichen Hälfte) sowie dem Karnischen Hauptkamm hat der Bezirk etliche Berggipfel mit einer Höhe von mindestens 3.000 Metern aufzuweisen. Eine Besonderheit des als „Sonnenbezirk" bezeichneten Lienz ist das deutlich mildere, fast mediterran anmutende Klima, das sich vom Rest des Bundeslands deutlich unterscheidet.

DER LASERZSEE

Der Laserzsee ist ein auf circa 2.260 Metern Höhe gelegener Bergsee in den Lienzer Dolomiten in Osttirol. Die 1886 errichtete Schutzhütte Karlsbader Hütte des Deutschen Alpenvereins liegt direkt oberhalb des Sees, was die Gegend zu einem beliebten Wanderziel macht. Da zwischen dem See und der Hütte noch ein kleiner Wasserspiegel existiert, wird zwischen dem Großen und dem Kleinen Laserzsee unterschieden. Der kristallklare Bergsee hat eine blaue Farbe und ist Schauplatz einer Sage um eine Sennerin. Darin heißt es, dass der Geist eines Brudermörders dort sein Unwesen trieb, bis er von der Sennerin erlöst wurde, wegen der er seinen Bruder aus Eifersucht getötet hatte.

Der Laserzsee, aufgenommen von Thomas Hennerbichler.

SÜDTIROL

Südtirol-Dolomiten
Alto Adige-Dolomiti

Das Südtirol-Panorama wurde gezeichnet von Berlaude mit Blick von Süd nach Nord.

300 MILLIONEN JAHRE

In Südtirol kommt über Hunderte Millionen von Jahren einiges an Erdgeschichte zusammen: Ausbrechende Vulkane, Südseeriffe, Kontinentalplatten mit unfassbaren Kräften und die kilometerdicken Gletscher der Eiszeit. Letztere gaben Südtirol seinen heutigen Schliff. Angefangen hat allerdings alles mit ausbrechenden Vulkanen; mächtige Lavagüsse brachen durch die Erdoberfläche und bedeckten ein Areal von über 2.500 Quadratkilometern im Zentrum Südtirols. Die erstarrte Lava begann zu verwittern, es entstanden Sedimente – der heutige Bozner Quarzporphyr. In den Ostalpen Südtirols dominieren die metamorphen Gesteine. Ihre Entstehung geht auf die Alpenfaltung bzw. den Zusammenstoß von Eurasien und Afrika zurück. Das Gestein wurde durch starken Druck und hohen Temperaturen in der Tiefe mineralogisch umgewandelt und wieder an die Erdoberfläche gedrückt. Die Täler Südtirols waren ursprünglich tief eingeschnitten, erst die Eiszeitgletscher lieferten auf ihrem Rückzug genug Schutt, um die Täler teilweise aufzufüllen. Und dann die Dolomiten: Das UNESCO-Welterbe hat sich aus Südseeriffen der Trias gebildet. Heute bestehen die Dolomiten zu großen Teilen aus Sedimentgestein mit Lagen aus versteinerten Korallenriffen; die deutliche Schichtung sieht man auch und macht die Region einzigartig.

Der Wilde See unterhalb der Wilden Kreuzspitze, aufgenommen von Thomas Kargl.

Der Karrersee, aufgenommen von Fabian Künzel (†).

DER ORTLER

Wenn man der Sage Glauben schenken möchte, so handelt es sich bei König Ortler um einen versteinerten Riesen. Immerhin – mit seinen 3.905 Metern ist er der höchste Berg Südtirols. Der Ortler besteht hauptsächlich aus Hauptdolomit. Im Unterschied zu den Dolomiten ist er jedoch metamorph überprägt. Er wurde vor etwa 90 Millionen Jahren unter hohem Druck in der Tiefe auf 400 °C erhitzt. Das geschah vermutlich bei der nordwärts gerichteten Verschiebung der heutigen Nördlichen Kalkalpen über die Ortleralpen hinweg. Auf Befehl von Erzherzog Johann von Österreich wurde der Ortler im Jahre 1804 von dem aus St. Leonhard im Passeier stammenden Josef Pichler, genannt Pseirer Josele, erstbestiegen. Ein wichtiges alpinistisches Ereignis, denn in der Habsburger Monarchie war der Ortler noch der höchste Berg Österreichs.

BRIXEN – EISACKTAL

Das Panorama wurde gezeichnet von Alfred Brötz mit Blick Richtung Norden.

DIE PERIADRIATISCHE NAHT

Bei Brixen fängt der Süden an; zumindest tektonisch. Ganz so einfach ist es nicht, aber durch Brixen und das Pustertal verläuft die Periadriatische Naht – die bedeutendste tektonische Störungslinie der Alpen. Diese Linie stellt die Grenze zwischen Süd- und Ostalpen dar. Erst die Kollision der Adriatischen Platte mit dem europäischen Kontinent führt zur Überschiebung des Ostalpins auf das Penninikum. Vereinfacht ausgedrückt sind die Gesteine des Penninikums die Reste eines ozeanischen Bereiches, der als Penninischer Ozean bezeichnet wird und im Jura als Ausläufer des Atlantiks entstand. Diese Kollision führt zur eigentlichen Gebirgsbildung der Alpen und zum heutigen Nebeneinander unterschiedlichster Gesteinseinheiten. Die Periadriatische Naht führt durch mehrere Längstäler von der Gegend rund um Turin über Brixen nach Kärnten, Slowenien und Kroatien. Besonders eindeutig erkennt man die Trennlinie rund um Brixen und im Pustertal: Südlich sieht man die Kalkgesteine der Dolomiten und nördlich die alten Kristallingesteine der Ostalpen.

DER BAUKASTEN DER DOLOMITEN

Den Naturpark Puez-Geisler könnte man durchaus als „Dolomitenbauhütte" bezeichnen. Sämtliche für die Dolomiten typische Gesteinsarten, Ablagerungsschichten und Verwitterungsformen finden sich rund um den über 3.000 Meter hohen Sas Rigais. Darunter verkarstete Hochflächen, Hunderte Meter hohe Wandfluchten, sanft gewellte Almwiesen vor zerklüfteten Bergsilhouetten. Dazu noch tief eingeschnittene Erosionstäler und dunkle Nadelwälder – eine landschaftliche Vielfalt auf kleinem Raum und ein Paradies für Geologen. Der Naturpark hat eine Fläche von rund 11.000 Hektar, die in die Täler Alta Badia, Villnöß und Gröden aufgeteilt sind.

← Der Sass Rigais in der Geislergruppe, fotografiert vom gegenüberliegendem Königsanger von Thomas Kargl. Dazwischen liegt Brixen.

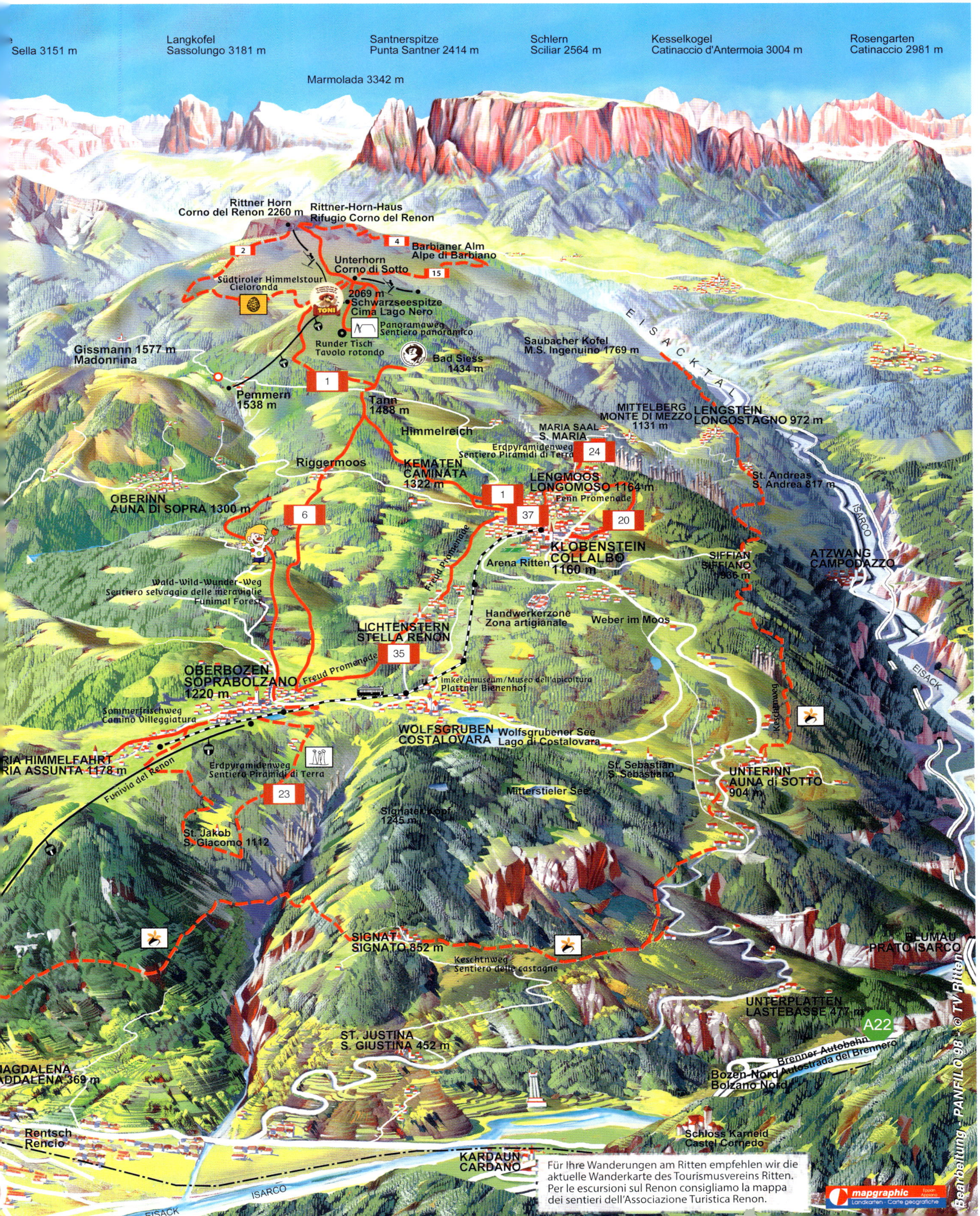
Sella 3151 m
Langkofel
Sassolungo 3181 m
Santnerspitze
Punta Santner 2414 m
Schlern
Sciliar 2564 m
Kesselkogel
Catinaccio d'Antermoia 3004 m
Rosengarten
Catinaccio 2981 m
Marmolada 3342 m
Rittner Horn
Corno del Renon 2260 m
Rittner-Horn-Haus
Rifugio Corno del Renon
Barbianer Alm
Alpe di Barbiano
Unterhorn
Corno di Sotto
Südtiroler Himmelstour
Cieloronda
2069 m
Schwarzseespitze
Cima Lago Nero
Panoramaweg
Sentiero panoramico
Runder Tisch
Tavolo rotondo
Bad Siess
1434 m
Gissmann 1577 m
Madonnina
Pemmern
1538 m
Tann
1483 m
Himmelreich
Saubacher Kofel
M.S. Ingenuino 1769 m
EISACKTAL
Mittelberg
Monte di Mezzo
1131 m
Lengstein
Longostagno 972 m
Maria Saal
S. Maria
Erdpyramidenweg
Sentiero Piramidi di Terra
Riggermoos
Kematen
Caminata
1322 m
Lengmoos
Longomoso 1164 m
Fenn Promenade
St. Andreas
S. Andrea 817 m
Oberinn
Auna di Sopra 1300 m
Klobenstein
Collalbo
1160 m
Arena Ritten
Freud Promenade
Siffian
Siffiano
Atzwang
Campodazzo
ISARCO
Wald-Wild-Wunder-Weg
Sentiero selvaggio delle meraviglie
Funimal Forest
Handwerkerzone
Zona artigianale
Weber im Moos
Lichtenstern
Stella Renon
Oberbozen
Soprabolzano
1220 m
Freud Promenade
Imkereimuseum/Museo dell'apicoltura
Plattner Bienenhof
Kastanienweg
EISACK
Sommerfrischeweg
Camino Villeggiatura
Wolfsgruben
Costalovara
Wolfsgrubener See
Lago di Costalovara
Maria Himmelfahrt
Maria Assunta 1178 m
Funivia del Renon
Erdpyramidenweg
Sentiero Piramidi di Terra
St. Sebastian
S. Sebastiano
Unterinn
Auna di Sotto
904 m
Mitterstieler See
Signater Kopf
1245 m
St. Jakob
S. Giacomo 1112
Signat
Signato 852 m
Keschtnweg
Sentiero delle castagne
Blumau
Prato Isarco
Unterplatten
Lastebasse 477 m
A22
St. Justina
S. Giustina 452 m
Brenner Autobahn
Autostrada del Brennero
Bozen Nord
Bolzano Nord
Magdalena
Maddalena 369 m
Schloss Karneid
Castel Cornedo
Rentsch
Rencio
Kardaun
Cardano
ISARCO
EISACK
Für Ihre Wanderungen am Ritten empfehlen wir die aktuelle Wanderkarte des Tourismusvereins Ritten.
Per le escursioni sul Renon consigliamo la mappa dei sentieri dell'Associazione Turistica Renon.
mapgraphic
Bearbeitung - PANFILO 98 - © TV Ritten
2
4
15
1
6
24
1
37
20
35
23

DIE STOANERNEN MANDLN

Der Ritten ist ein Teil der Etschtaler Vulkanit-Gruppe, auch Bozner Quarzporphyr genannt. Die Eiszeit schliff den Ritten zu dem heutigen mittelgebirgigen Höhenzug. Die Eiszeit ließ zwei spannende Phänomene zurück: Zahlreiche eiszeitliche Wannen und sogenannte „erratische Blöcke". So werden Steinblöcke bezeichnet, die an einem Ort liegen, wo sie eigentlich nicht hingehören. Am Ritten waren es die Gletscher, die große Steinblöcke zum Teil kilometerweit transportiert haben; deswegen nennt man sie auch „Findlinge". Lange Zeit waren diese Steine der Gegenstand von zauberhaften Sagen wie zum Beispiel, dass Riesen die Steine durch die Luft geschleudert hätten. In der Zeit der Aufklärung vor knapp 300 Jahren wurden die Gesteine in Gebieten, aus denen sie geologisch offensichtlich nicht stammen konnten ein wissenschaftliches Problem, das es zu lösen galt. Deswegen beschäftigten sich ab der Mitte des 18. Jahrhunderts Geologen sehr intensiv mit der Frage, durch welche Kräfte die Findlinge über so weite Strecken transportiert werden konnten. Der Begriff Eiszeit war damals noch nicht geprägt. Erst Ende des Jahrhunderts wird die pleistozäne Eiszeit beziehungsweise die These, dass Mitteleuropa von riesigen Gletschern bedeckt war, sukzessive von deutschen und schweizerischen Forschern wissenschaftlich nachgewiesen und in der breiten Öffentlichkeit akzeptiert. Und somit auch, dass ebendiese Gletscher große Gesteinsbrocken über eine lange Distanz mitnehmen und auch schleifen konnten.

DIE ERDPYRAMIDEN

Als Erdpyramiden bezeichnet man im engeren Sinn Erosionsgebilde, deren Säulen- oder Pfeilerform durch die Wirkung meteorischen Wassers (Wasser in Form von Niederschlägen und Schnee) auf einen mit Steinblöcken durchsetzten Verwitterungsboden zustande kommt. Die Rittner Erdpyramiden sind genau solche Erosionsphänomene und entstehen dort, wo in den Tälern eiszeitlicher Moränenlehm der Gletscher abgelagert wurde. Im trockenen Zustand ist dieses Material hart wie Stein, in Verbindung mit Wasser wird es zu einem lehmigen Brei, der sukzessive nach unten fließt. Unter großen Steinen jedoch bleibt der Lehm trocken und hart, so bilden sich Erdsäulen, die bei jedem Niederschlag höher werden.

← Die bekannten Erdpyramiden von Ritten. (Bildquelle: lamio über stock.adobe.com)

SEISERALM

Das Panorama wurde gezeichnet von Alfred Brötz, mit Blick von Klausen Richtung Osten.

DAS HOCH PLATEAU

Die Seiser Alm ist mit 56 Quadratkilometern auf über 1.600 Metern eines der größten geschlossenen Hochplateaus der Alpen. Im Südwesten schließen Schlern, Roterdspitze und die Rosszähne die Fläche ab, im Südosten ist es die Langkofelgruppe. Spannend für das Auge sind die unterschiedlichen Ausprägungen der Felsformationen. Das Schlern-Massiv weist die Form von Tafelbergen auf, zwischen denen sich die ausgedehnte Hochfläche erstreckt. Im Kontrast dazu stehen die stark zerklüfteten Massive wie etwa der Rosengarten. Das liegt daran, dass die ehemaligen Kalkriffe des tropischen Urmeers Tethys teilweise mit Gestein vulkanischen Ursprungs durchsetzt sind, das leichter verwittert und so Zerklüftungen und abgerundete Ebenen entstehen.

DER ROSENGARTEN

Der Rosengarten ist weit über die Grenzen Südtirols bekannt für sein sogenanntes „Alpenglühen". Wissenschaftlich lässt sich das Phänomen leicht erklären. Bei niedrigem Sonnenstand und damit

langem Strahlenweg durch die Atmosphäre wird das kurzwellige Licht so stark gestreut, dass nur noch das rote Licht übrig bleibt. Bei einem Sonnenstand von 4° unter dem Horizont, etwa 25 Minuten nach Sonnenuntergang, wird das Maximum des roten Lichts, das Purpurlicht, erreicht. Der Berg scheint zu „glühen". Doch die Legende erzählt etwas anderes: Im Rosengarten in den Dolomiten herrschte einst König Laurin über sein Zwergenvolk. Laurin soll hoch am Berg einen Rosengarten besessen haben, den er mit einem Fluch belegte, sodass zur Tag- und Nachtzeit der wunderschöne Garten für niemanden sichtbar war. Er vergaß allerdings die Zeit der Dämmerung. Deswegen erstrahlt der Rosengarten in kräftigen Rottönen, wann immer die Sonne untergeht.

Die Seiser Alm, fotografiert von Fabian Künzel (†).

TRENTINO MIT DER BRENTAGRUPPE

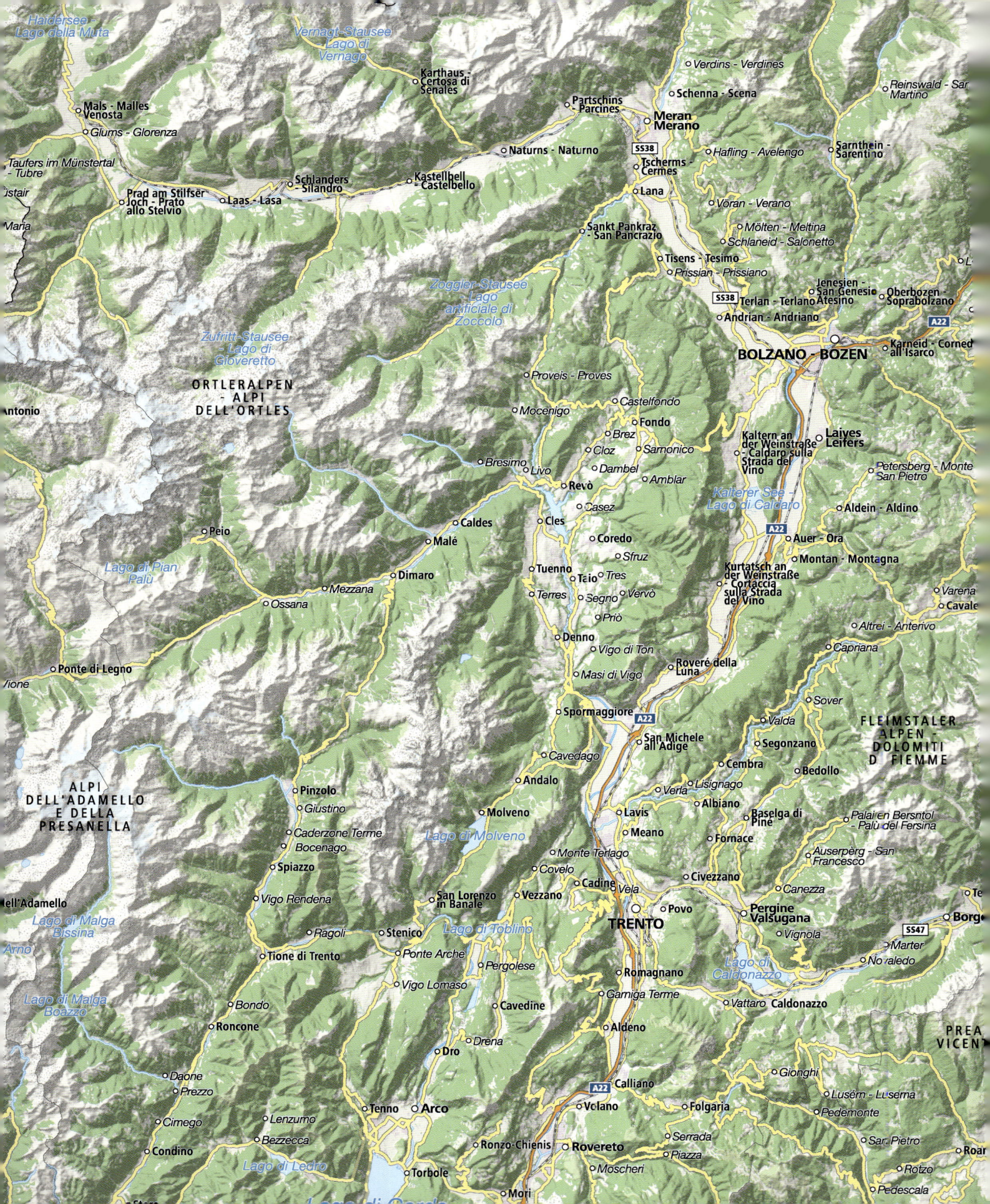

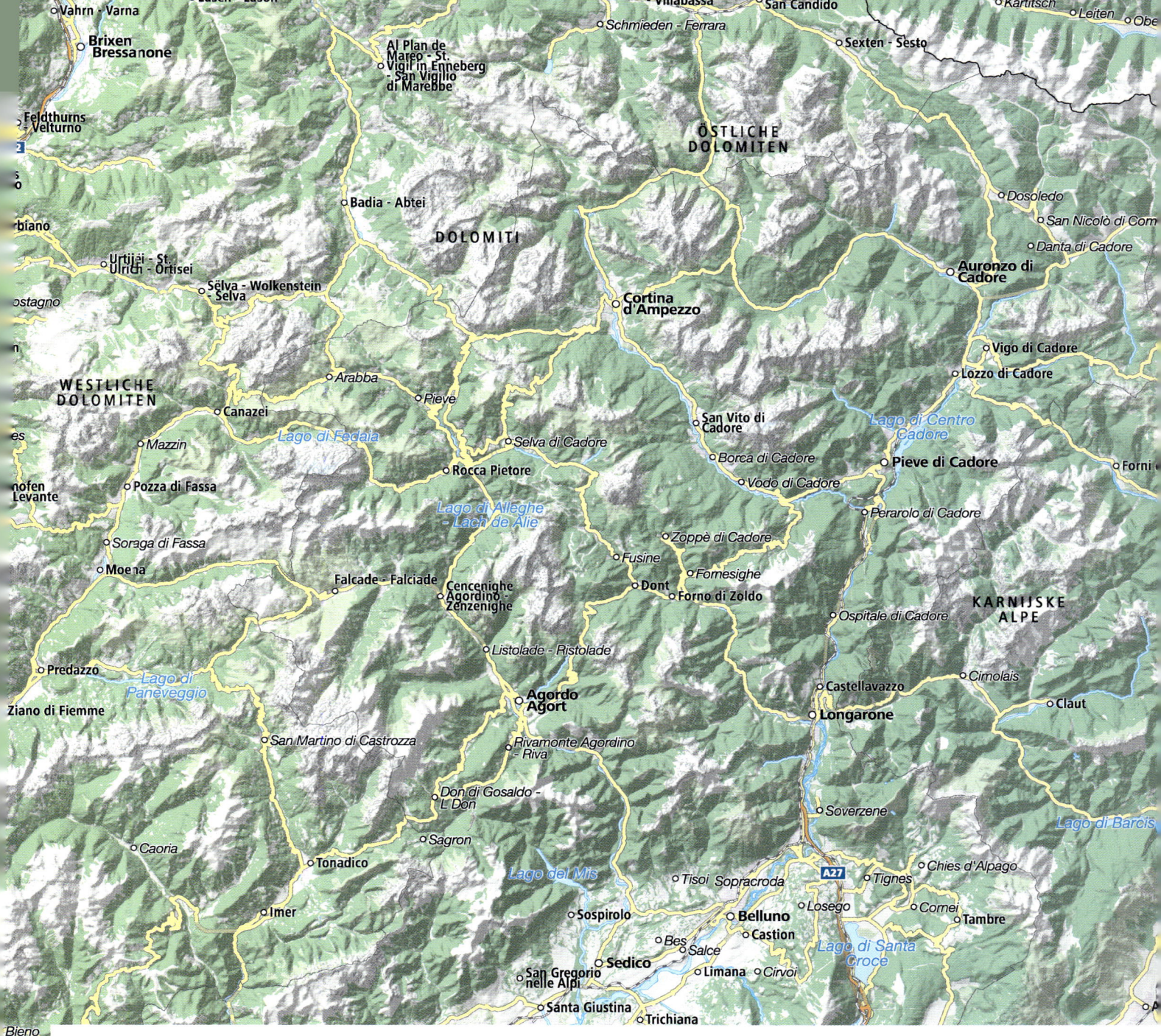

DIE GESTEINSDUALITÄT

Die Besonderheit der sogenannten Brenta besteht in der Koexistenz zweier Gesteinswelten: Die Brenta-Dolomiten mit Kalkstein-Sedimentgestein, das von einstigen Meeren zeugt, und die intrusiven aus- kristallisierten magmatischen Gesteine der Adamello-Presanella-Gruppe – darunter der schwarzweiß gefleckte Tonalit, der dem Granit sehr ähnlich sieht.

DIE SENKRECHTEN TÜRME

Der harte Hauptdolomit ist auch in der Brenta das formgebende Gestein – bis zu 1.000 Meter hoch und mächtig thront das Gestein in der Landschaft. Bei der alpidischen Gebirgsbildung wurde hier das Sedimentgestein nicht wie beim Kalkstein oder Schiefer aufgewölbt, sondern gebrochen. Das verleiht der Brenta einen schroffen, fast bedrohlichen Charakter. Massive Felswände und senkrechte Türme machen das Landschaftsbild aus. Besonders augenscheinlich ist die Schroffheit beim Anblick des über 3.000 Meter hohem Torre di Brenta. Sein Gipfel wurde vom englischen Maler und Bergsteiger Edward Theodore Compton im Jahr 1882 erstbestiegen. Abgesehen von seinen diversen weiteren Erstbesteigungen in den Alpen ist Compton für seine 1.700 Bergmotive bekannt. Die Bilder zeigen nicht nur eindrucksvoll die damals noch fast unberührte Bergwelt, sondern sind noch dazu topografisch und geografisch äußerst genau – ein auch heute noch hoher dokumentarischer Wert.

← Die Brentagruppe, fotografiert von Thomas Kargl.

CORTINA D'AMPEZZO

DIE PERLE DER DOLOMITEN

Die „Perle", die „Königin" – Cortina d'Ampezzo kannte man gegen Ende des 19. Jahrhunderts als noblen Ferienort. Wenige Jahrzehnte später wurde die Region im Ersten Weltkrieg zum direkten Frontgebiet zwischen Österreich-Ungarn und Italien. Die Ortschaft selbst liegt im Valle del Boite, das von mehreren der berühmtesten Berge und Berggruppen der Dolomiten begrenzt wird: dem Monte Cristallo, der Tofane, dem Antelao, dem Sorapiss und dem Monte Pelmo.

DER BERGSEE

Rund um Cortina d'Ampezzo liegen mehrere Bergseen. Der größte dieser Seen ist der bis zu 8 Meter tiefe Lago di Fedèra an der Ostseite des Kammes der Croda da Lago. Die Ampezzaner Dolomiten beherbergen aber auch erstaunlich viele Hochmoore, ein Ausdruck sehr besonderer ökologischer Bedingungen. Die Gletscher formten am Alpenrand Becken und Mulden aus, die sich mit Wasser füllten. Durch die Verlandung der Seen entwickelten sich in Jahrtausenden die Moore. Durch Pflanzenwachstum und unvollständige Zersetzung der abgestorbenen Pflanzen entsteht Torf, der das Moor in die Höhe wachsen lässt. Es bildet sich ein Hochmoor, das die Umgebung überragt. Während die Niedermoore noch Kontakt zum Grundwasser haben, werden die Hochmoore nur noch vom Regenwasser feucht gehalten. Der Boden ist sehr sauer, es fehlt an Nährstoffen, nur Wasser ist im Überfluss vorhanden. Ein extremer Lebensraum für eine hochspezialisierte Tier- und Pflanzenwelt – unter anderem der Bergmolch.

Der Lago de Fèdera, aufgenommen von Roman Huber.

DREI ZINNEN

DIE GROSSE LAGUNE

Die Drei Zinnen bestehen aus Hauptdolomit, der in der Trias vor etwa 200 bis 220 Millionen Jahren durch Sedimentation in Flachwasserbereichen des Urmeeres Tethys entstand. Hier befand sich einmal eine große Lagune mit starkem Gezeitenwechsel, sprich ausgeprägter Ebbe und Flut. Durch die Verwitterung des Gesteins im Zuge der Alpenhebung sind die drei markanten Gipfel durch Wasser und Gletscher herausmodelliert worden – die Große Zinne (2.999 Meter) in der Mitte, die Kleine Zinne (2.857 Meter) und die Westliche Zinne (2.973 Meter).

DER GEBIRGSKRIEG

Bis heute finden Wanderer und Kletterer in den Dolomiten Karabiner und Granatsplitter aus dem Ersten Weltkrieg. Zwischen Paternkofel und den Drei Zinnen, wo heute die Drei-

Zinnen-Hütte steht, lieferten sich Österreicher und Italiener tödliche Gefechte und belagerten gegnerische Stellungen. In Südtirol – damals Teil der Habsburger Monarchie – stehen zu diesem Zeitpunkt nur schwache Kräfte des Tiroler Landsturms und wenige Truppen des deutschen Alpenkorps. Die österreichischen Truppen räumten die tief liegenden Gebiete und zogen sich in das Gebirge zurück. Dort bauten sie eine rund 700 Kilometer lange Verteidigungslinie auf – vom Stilfser Joch bis zum Karst am Isonzo. Es folgte ein brutaler Krieg, der bis 1917 im Hochgebirge tobte. Dann gelang den Österreichern der Durchbruch, die Italiener zogen sich ins Flachland an die Piave bei Venedig zurück. Im Oktober 1918 zerbrach Österreich-Ungarn – das Ende des Ersten Weltkriegs und seines Kapitels Dolomitenkrieg.

Die Drei Zinnen mit der Dreizinnenhütte im Vordergrund, fotografiert von Fabian Künzel (†).

LAGO DI GARDA

Der Gardasee entstand in der letzten Eiszeit durch einen Seitenast des Etschgletschers. Gezeichnet von Belauda.

DER GRÖSSTE SEE ITALIENS

Es war der bis zu 1.100 Meter dicke „Rhätische Gletscher", der den heutigen Gardasee ausschürfte und formte. Durch die Reibung und den Druck der gewaltigen Eismassen dieses Gletschers wurde das Tal tief in das harte Gestein geschürft. Dabei wurden riesige Mengen an Gesteinsmaterial mittransportiert und an den Rändern des Gletschers abgelagert. Dadurch entstanden sogenannte Moränen beziehungsweise Moränenhügel. Diese Spuren der glazialen Formung kann man noch heute sehen. Die Endmoränen in der Nähe des Südufers, beispielsweise bei Valeggio sul Mincio oder Custoza, sind Paradebeispiele für diese Ablagerungen. Mit Wasser füllte sich das Becken erst, als das Eis schmolz. In der Geomorphologie bezeichnet man so entstandene Seen als „Zungenbeckenseen". Heute ist der größte Zufluss des Sees die Sarca im Norden, der einzige Fluss der von ihm abfließt der Mincio im Süden.

Mit 52 Kilometern Länge, einer Tiefe von bis zu 346 Metern und einer Ausdehnung von knapp 370 km² ist der Lago di Garda der größte See Italiens. Foto von Roman Huber.

Der Gardasee vom Monte Altissimo mit Blick Richtung Süden.

VON PFAHLBAUTEN ZU BETTENBURGEN

An den Ufern des fischreichen Gardasees errichteten Menschen bereits vor circa 4.000 Jahren Pfahlbauten. Hier fanden Ligurier, Etrusker und Gallier rund um 2000 v. Chr. eine neue Heimat. Noch heute kann man Felszeichnungen aus der Bronzezeit am Monte Baldo sehen – dem 30 Kilometer langen Bergrücken an der Ostseite des Sees. Die Römer nannten den Gardasee dann „Lacus Benacus" – nach einer keltischen Gottheit, die an seinen Ufern anscheinend eine blauhaarige Nymphe verführt haben soll. Im 15. Jahrhundert gehörte die Region zur Dogenrepublik Venedig, nach dem Wiener Kongress landete der See in den Händen der Habsburger. Die Habsburger konnten die Ufer des Gardasees nicht halten und verloren nach dem Ersten Weltkrieg auch das Nordufer an die junge Italienische Republik. Geopolitik ist heute kein Thema mehr – Besucher aus allen Ländern machen den See zu einem touristischen Hotspot.

WIND
TURBINE

Der Norden unterscheidet sich grundlegend vom Süden. Das merkt man auch an den Urlaubern und den Motiven der Ortswahl. Während im flachen Süden Vergnügungsparks und größere Hotelanlagen anzutreffen sind, stellen im Norden die Berge die eigentliche Attraktion dar. Bergsteigen, Mountainbiken und vor allem jegliche Art von Wassersport die mit Wind zu tun hat profitiert von der Topografie. Speziell auf der Westseite begrenzen steile Felswände den See.

Die Bergzüge links und rechts vom See zwingen den Wind wie durch eine Turbine und verstärken ihn. Verantwortlich für den regelmäßigen Wind ist das Bergige Hinterland im Norden. Untertags heizen sich die Bergketten auf und erschaffen so eine perfekte Thermik. Dabei zieht die verhältnismäßig kühle Luft aus dem Süden über den See Richtung Norden. In der Nacht dreht sich dieser Effekt langsam um. Die Berge kühlen stärker aus im Vergleich zum flachen Süden. Der Wind weht dann bis spätestens Mittags von Norden Richtung Süden.

AUSKLANG

TEAMWORK

Kristina Erhard studierte an der Universität Innsbruck und LMU München Geografie. Sie versteht nicht nur die Hintergründe der Landschaftsentstehung, sondern kann diese auch charmant und verständlich beschreiben. Mit ihrer Agentur G'spür ist es ihre tägliche Aufgabe, Menschen mit Texten und Bildern zu begeistern. In diesem Buch hat Kristina maßgeblich an den Themen und Texten mitgearbeitet, die dem Werk seinen inhaltlichen Rahmen geben.

OUTDOOR

Mit viel Leidenschaft produzieren wir bei KOMPASS seit 1953 Outdoor-Karten. Einsame Gebirgsseen, romantische Schluchten oder andere wenig bekannte Orte findet man auf unseren Wanderkarten. Und wie man Wanderkarten richtig liest erklären wir noch kurz anhand zweier wichtiger Hilfsmittel.

MASSSTAB

Auf der Wanderkarte wird die Landschaft immer verkleinert und vereinfacht dargestellt. Der sogenannte Maßstab gibt an, um wie viel das Gelände kleiner eingezeichnet ist. Steht auf der Karte beispielsweise der Maßstab 1:50 000 so bedeutet dies, dass 1 cm auf der Karte 50 000 cm in der Natur (Wirklichkeit) sind. Wandelt man diese 50 000 cm in Meter um, sind es 500. Das heißt bei einem Maßstab von 1:50 000 entspricht 1 cm in der Karte 500 m in der Natur, bei einem Maßstab von 1:25 000 sind es 250 m.

HÖHENLINIEN

Um ein Gelände auf der zweidimensionalen Karte plastischer darstellen zu können, wird dieses theoretisch in gleichbleibend dicke Scheiben geschnitten. Diese Schnittlinien bezeichnet man als Höhenlinien. Je enger die Höhenlinien beisammenliegen,

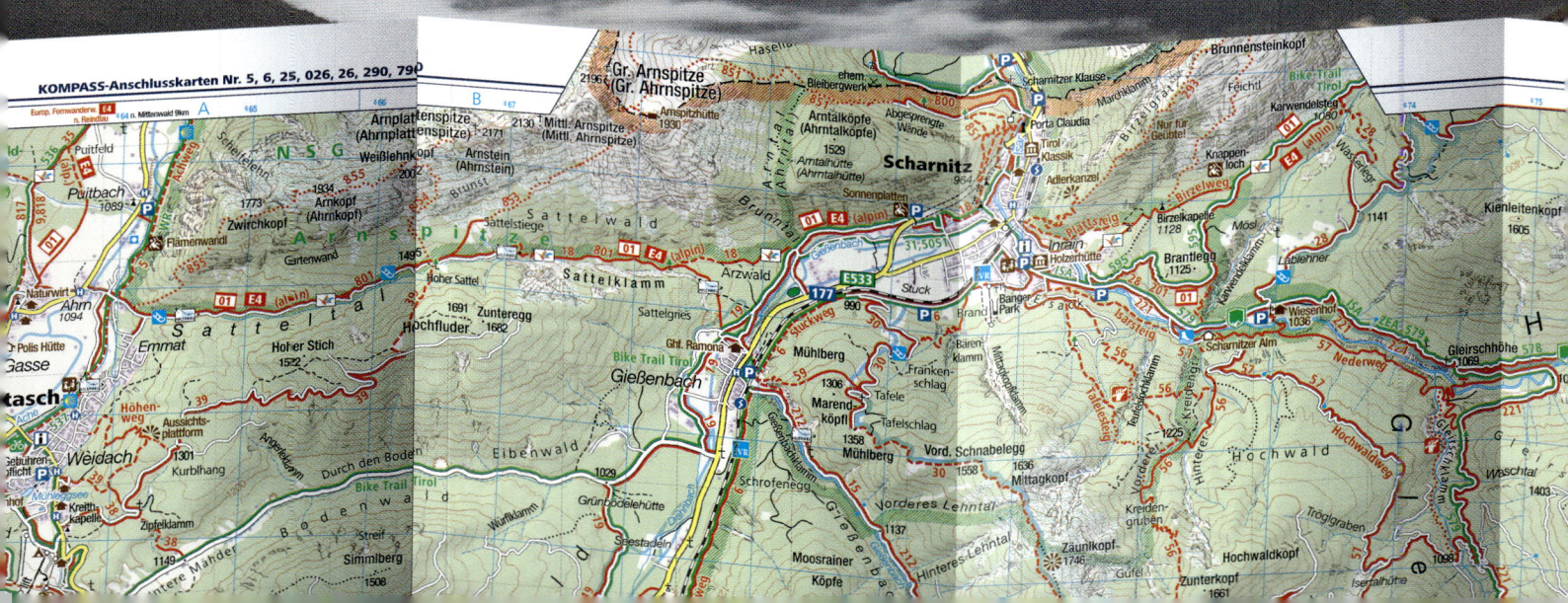

KARTEN

desto steiler ist das Gelände. Je weiter die Höhenlinien auseinanderliegen, desto flacher ist es. Bei der Planung einer Wanderung ist es auch wichtig darauf zu achten, wie der Wanderweg zu den Höhenlinien verläuft. Kreuzt der Weg die Linien senkrecht, wird es sehr steile Anstiege geben, verläuft er hingegen meist parallel zu den Höhenlinien, wird es eine Wanderung mit wenigen Steigungen sein.

IMPRESSUM

HERAUSGEBER

© KOMPASS-Karten GmbH, Karl-Kapferer-Straße 5, A-6020 Innsbruck
1. Auflage 2023 (23.01)   Verlagsnummer 1400   ISBN: 978-3-99121-699-5

KONZEPT & TEAM

Konzept und Projektleitung:
Thomas Kargl (KOMPASS-Karten)
Externe Texte von der Agentur G'spür unter der Leitung von Kristina Erhard
Karten, Text und Fotos (soweit nicht anders angegeben): KOMPASS-Karten
OpenStreetMap© und OpenStreetMap Foundation als Kartengrundlage
Titelbild: Osttirol-Panorama von Alfred Brötz
Grafische Herstellung: KOMPASS-Karten unter der Leitung von Mirjam Salzburger

BILDNACHWEIS

Bildnachweis aufgelistet mit der Seitenzahl nach den Quellen:
Thomas Kargl: 4, 10–11, 15 rechts, 63, 80, 87, 118, 119, 130–131, 142–143, 148–149, 152–153, 159, 167, 176–177, 180–181, 184–185, 192, 193, 215, 224–225, 242–243, 260–261, 266–267; Fabian Künzel (†): 12–13,14 links, 100–101, 106–107, 124–125, 216–217, 236–237, 254–255, 270; Roman Huber: 22, 49, 94–95, 110–111, 249, 259; Thomas Hennerbichler: 58–59, 210–211; Florian Aletsee: 68–69, 74; Wolfgang Heitzmann: 14–15 Mitte; Thoma Vielgut: 198–199; Daniel Fischer: 204–205; Simon Laabmayr: 45; Gerhard Ambrosig: 18; Kristina Erhard: 266 Portrait; stock.adobe.com: Kalipic 32-33, Frank Krautschick 136–137, dudlajzov 173, lamio 230–231, Daniel Pacher: 23
Panoramen:
Alfred Brötz: 2–3, 17, 46–47, 66–67, 72–73, 96–97, 102–103, 108–109, 114–115, 120–121, 126–127, 132–133, 138–139, 144–145, 150–151, 156–157, 162–163, 168–169, 182–183, 206–207, 220–221, 232–233, 250–251, 272
Gerhard Ambrosig: 12, 19, 54–55, 60–61, 91, 188–189, 200–201
Berlaude: 212–213, 238–239, 257
Oberbacher: 30–31, 36–39
W. Sporer: 16, 194–195
© Tourismusverein Ritten & Bearbeitung Panfilo 98: 227
Sitour: 78–79, 244–245
©KOMPASS: 1, 84–85, 174–175,

Bei den Panoramen handelt es sich um historische Abbildungen, die nicht den aktuellen Stand wiedergeben. Die Darstellungen erheben keinen Anspruch auf Vollständigkeit und Korrektheit. Bei den Abbildungen handelt es sich um keine Wanderkarten, die für eine Tourenplanung geeignet sind. Alle Angaben, Texte und Darstellungen wurden nach bestem Wissen und Gewissen recherchiert. Für Korrekturhinweise sind wir dankbar – diese bitte über unser Kontaktformular zusenden: www.kompass.de/service/kontakt